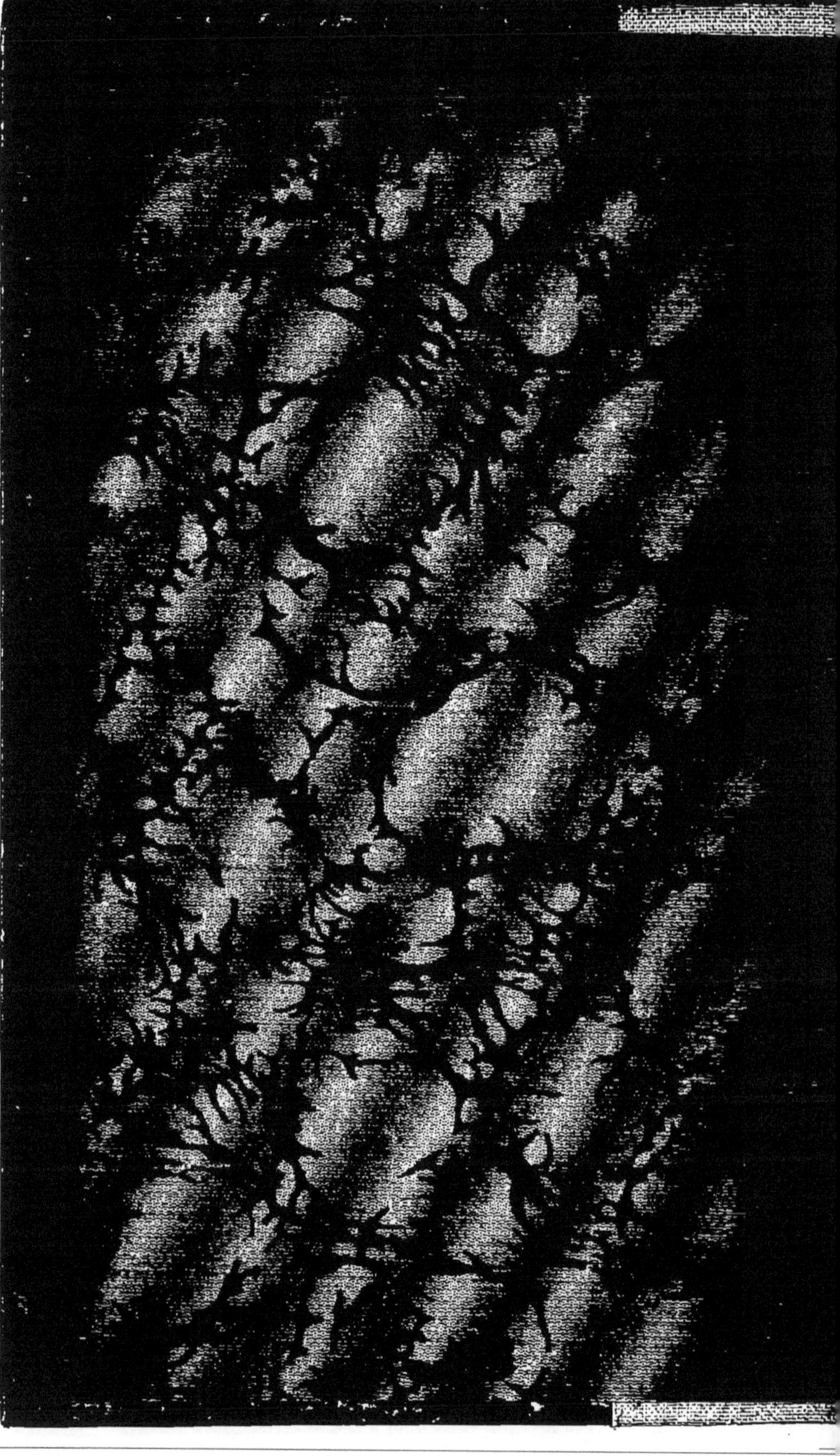

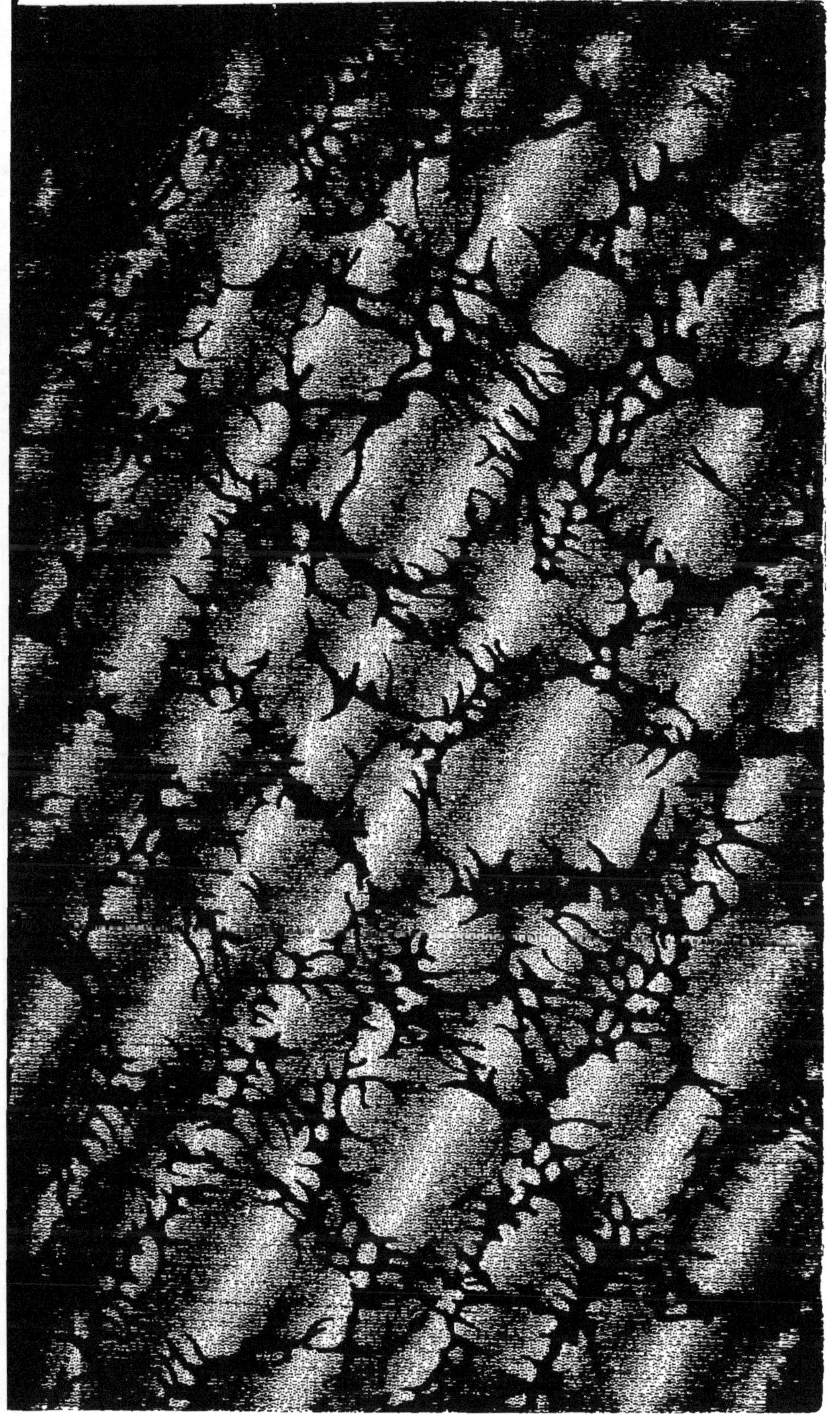

E FEMME ILL

SUIVI

QUELQUES SOUVENIRS DE L'

PAR

SCIPION FOUGASSE

PARIS

E. DENTU, LIBRAIRE

PALAIS-ROYAL, 17 ET 19, GAL

CHEZ

UNE FEMME ILLUSTRE

Du même auteur :

Loin de la Bourse. 1 vol. in-18.

Histoire de la Question italienne. 1 vol. grand in-18.

Paris. — Imprimé chez Bonaventure et Ducessois.

CHEZ UNE FEMME ILLUSTRE

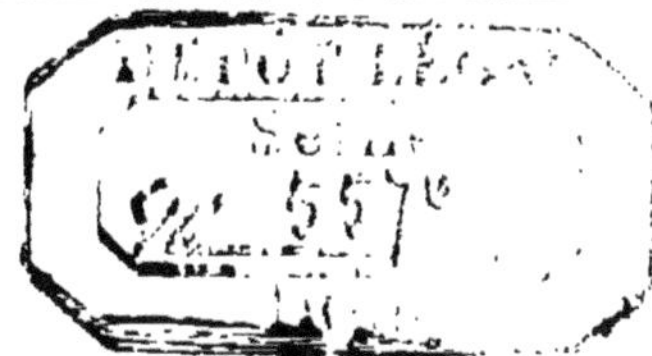

SUIVI

DE QUELQUES SOUVENIRS DE L'AUTEUR

PAR

SCIPION FOUGASSE

PARIS

E. DENTU, LIBRAIRE-ÉDITEUR

PALAIS-ROYAL, 17 ET 19, GALERIE D'ORLÉANS.

1866

A Son Altesse Monseigneur le prince Pierre Napoléon.

Monseigneur,

Je devais au généreux fils de la meilleure des mères et de la plus noble des femmes le premier hommage de ces souvenirs. N'est-ce pas vous, monseigneur, qui, par un sentiment de profonde et pieuse vénération pour la mémoire de votre illustre mère, avez daigné continuer à son modeste parent les bontés de la princesse de Canino, sans vous arrêter à la distance qui vous sépare de lui.

Souffrez donc, Prince, que je mette sous votre haut et bienveillant patronage cette faible marque de mon dévouement pour ce que vous avez eu de plus cher au monde.

Daignez aussi, Monseigneur, agréer votre part des sentiments qui m'ont inspiré les premières pages de ce petit travail, et me permettre de vous l'offrir comme l'expression de mon inaltérable et respectueuse gratitude.

SCIPION FOUGASSE.

AU LECTEUR

Attaché par le cœur et par le sang à la veuve de Lucien Bonaparte, nous devions à la vénérable mémoire de cette femme illustre la trop faible marque de respect et de dévouement que nous lui donnons en retraçant ici quelques traits bien incomplets de sa noble et philosophique figure. Si nous suivions l'impulsion de notre conscience, nous ferions plus sans doute, car nous avions promis de faire davantage et autrement ; mais des circonstances imprévues, se rattachant à des documents égarés, ne nous permettant pas de remplir notre mission telle qu'elle nous a été confiée, nous avons pensé que le meilleur moyen de nous tenir à la hauteur de notre tâche était de montrer la femme, la princesse et la parente dans tout l'abandon d'une réelle intimité. Il nous a semblé aussi que nous devions autant que possible laisser parler l'illustre veuve elle-même, persuadé que quelques mots de cette haute intelligence en diraient plus que toutes les notices biographiques et toutes les tournures d'un langage préparé.

Cependant, ce n'est pas sans une certaine hésitation que nous nous sommes décidé à accomplir ce dernier acte de dévouement et de respectueuse amitié, car celle de la princesse de Canino avait trop de prix pour que l'auteur de ce récit ne soit pas soupçonné, à juste titre, de vouloir s'en faire un mérite. Mais, dans ce cas, où serait le mal et qui pourrait avoir le courage de nous reprocher une faiblesse honorable et que doit suffisamment excuser l'intérêt qui s'attache à une aussi haute personnalité que celle de la veuve de Lucien?

On nous pardonnera donc le juste orgueil que nous fait éprouver l'accomplissement d'un noble devoir que l'âge, avec tout son cortége d'inaptitudes et d'imprévu, ne nous permet plus de remettre au lendemain.

Nous espérons aussi que le lecteur ne sera pas

moins indulgent pour tout ce qu'il pourrait trouver, dans cette relation et dans les souvenirs qui la complètent, de trop personnel à l'auteur. Peut-être n'est-il pas tout à fait hors de propos, quand on se constitue le panégyriste officieux d'une illustre mémoire, de ne pas jeter entièrement le voile sur sa propre individualité, quelque modeste qu'elle puisse être.

S. F.

CHEZ UNE FEMME ILLUSTRE

I

Outre le désir de revoir l'Italie que nous avions quittée depuis longtemps, nous nous sentions irrésistiblement attirés vers l'une de nos plus illustres contemporaines, cette digne veuve de Lucien Bonaparte, beaucoup moins connue dans son propre pays que sur la terre d'exil où elle passa les deux tiers de sa longue et noble vie.

On sait qu'à la suite de nos désastres de 1815 la famille de Lucien s'était retirée dans les États romains où le nom du prince de Canino fut longtemps la providence des malheureux et d'un grand nombre de persécutés politiques, bien que le prince lui-même fût soumis à la surveillance du Gouvernement pontifical chargé par la Sainte-Alliance de le maintenir captif sur le territoire du Saint-Siége, où il mourut le 29 du mois de juin 1840.

Moins heureux que son frère Jérôme, Lucien n'eut pas la satisfaction d'assister à la chute du pouvoir qui perpétua son exil, et qui, par un juste retour des choses de ce monde, devait être remplacé avec tant d'éclat par la résurrection du régime impérial. L'exil engendre toujours l'exil...

A dater de la mort de Lucien, la princes se de Canino ne fut plus que l'urne funèbre de la mémoire de son mari, ne trouvant d'autre soulagement à sa douleur que la fierté qu'elle éprouvait à faire l'éloge du grand cœur et des rares vertus de celui qu'elle pleurait.

Après cinq ans de ce deuil intérieur dont les âmes sensibles ne s'affranchissent jamais, l'illustre veuve voulut revoir, avant de mourir, cette noble terre de France, mère ingrate et frivole, toujours marâtre pour quelques-uns de ses enfants. Elle obtint du gouvernement qui présidait alors aux destinées du pays l'autorisation d'y passer quelques semaines de l'année 1845.

Ce fut à cette circonstance que je dus l'heureuse découverte de la parenté qui liait par le sang la princesse de Canino à ma famille maternelle, parenté très-claire et très-facile à saisir, puisque la mère de la princesse était cousine issue de germain de la mienne.

Ma mère, qui tenait beaucoup à l'honorabilité séculaire de ses parents, nous parlait bien de temps à autre de cette relation, mais sans préciser clairement les circonstances qui avaient dû présider à l'alliance des deux familles, dont l'une, sous le nom de Grimaud de Verneuil, résidait à Paris, et l'autre, sous celui de Papet, habitait le Dauphiné; en sorte que ni son mari ni ses enfants n'attachaient une grande importance à un fait aussi confusément expliqué par celle qui pouvait seule en être instruite. Il fallut donc la circonstance du voyage de la princesse en France pour nous confirmer l'exactitude des assertions de ma mère, et voici comment.

L'archiviste de la ville de Vienne, berceau de notre famille maternelle nous écrivit un jour, en 1849, que la princesse de Canino, veuve de Lucien Bonaparte, avait passé dans cette ville en 1845, à son retour de Paris, et qu'elle s'y était arrêtée quelques instants pour demander à la municipalité s'il existait encore des descendants de la famille Papet[1] à laquelle elle appartenait. On lui répondit que le dernier représentant mâle de cette famille était mort vers la fin du premier empire, après avoir fait, en qualité d'officier supérieur, les campagnes d'Egypte et d'Italie, et qu'il ne restait plus qu'une

[1] D'après les archives de Vienne, cette famille remonte au XIIe siècle, et a rempli d'importantes fonctions dans les XVIe, XVIIe et XVIIIe siècles. Un grand-oncle de la princesse de Canino et de l'auteur était gouverneur de Vienne en 1750.

sœur de cet officier (ma mère), mariée depuis longues années à Lyon.

Cette circonstance me remit aussitôt en mémoire ce qui m'avait été dit dans le temps par ma mère, quelques mois avant sa mort, en me confiant plusieurs titres de famille qu'elle conservait soigneusement. « Ne néglige pas surtout, me dit ma mère, dans le cas peu probable, mais possible, du retour des Bonaparte, de faire des recherches sur ma parenté avec l'un des membres de cette famille, lequel a dû contracter une alliance avec une de mes cousines ; cela pourra t'être utile. »

Je reçus cette communication de la bouche maternelle avec l'indifférence d'un esprit peu calculateur, remerciant cette bonne mère, du bout des lèvres, bien plus pour lui être agréable et ne point paraître insensible à sa tendre sollicitude pour mon avenir qu'à cause des avantages que cette parenté pouvait me promettre. A peine arrêtai-je seulement ma pensée sur la chimérique hypothèse du retour des Bonaparte. Absorbé alors, comme toute la jeunesse de l'époque, par les oscillations politiques des premières années du règne de Louis-Philippe, je ne croyais pas qu'on pût aspirer à autre chose qu'à voir rentrer dans les voies de 1830 la meilleure des républiques.

Et pourtant, je n'étais guidé à cette époque, pas plus que je ne le suis aujourd'hui, par aucun esprit de parti, ni par aucune répugnance pour un régime auquel, au contraire, j'avais toujours rattaché la puissance et la gloire de la France, de telle sorte que le souvenir des hauts faits de l'Empire était gravé dans ma mémoire et dans mon cœur, en manière de poëme épique. Mais le temps de cette famille me paraissait passé sans retour, et les événements de Boulogne et de Strasbourg, qui survinrent ensuite, n'étaient pas de nature à modifier beaucoup mon opinion. Personne, à coup sûr, ne pensait que ces circonstances dussent être favorables à la résurrection de l'ère impériale. Jeune alors, j'ignorais encore que tout est possible en France, en fait de gouvernement; et, à ce sujet, je me souviens que, quelques mois avant l'affaire de Strasbourg à laquelle les courtisans de l'époque avaient donné la qualification d'*échauffourée*, une jeune dame artiste portant un nom anglais me fit prier, par l'intermédiaire d'un ami, de passer à son hôtel pour lui donner un renseignement sur une société littéraire de Naples.

Le but de cette dame, en m'attirant chez elle, sous prétexte de communication littéraire, était tout simplement de chercher à m'enrôler dans une société de bonapartistes, au nom du jeune prince, qui *avait juré de relever le drapeau de l'Empire*; cette ouverture, je l'avoue, me parut tout aussi insensée que s'il se fût agi de rendre la vie à l'héroïque martyr de Sainte-Hélène...

On s'est mépris sur mon compte dis-je aussitôt à madame G...; un bon Français, surtout quand il est père de famille, ne saurait conspirer qu'avec la

France entière, et je ne crois pas que la France songe le moins du monde, en ce moment, à conspirer pour le retour de l'Empire.

Cette pauvre dame ne me répondit qu'en souriant, de cet air de conviction et de foi qui semble dire : *il faut le plaindre.*

Je voulus, avant de la quitter, essayer de la détourner de la voie périlleuse où je pensais qu'elle allait s'engager, mais toute ma rhétorique fut inutile; elle avait dans le cœur comme une révélation, le retour des Bonaparte. Voyant que je n'étais point disposé à entrer dans ses vues, elle me fit promettre de garder le silence sur l'entretien que j'avais eu avec elle. Je le lui promis d'autant plus volontiers que je faisais moi-même les vœux les plus sincères pour la réalisation de ses espérances, tout en les croyant folles et chimériques.

Depuis ce moment, je n'ai plus eu occasion de revoir cette courageuse femme, j'ignore même si elle vit encore et si son dévouement au jeune prince dont elle avait embrassé la cause avec tant de courage et d'ardeur, a reçu sa juste récompense.

Cette circonstance m'en rappelle une semblable, mais d'une date beaucoup plus rapprochée, puisqu'elle ne remonte qu'à la révolution de Février.

Tout le monde a pu connaître à Paris le colonel Dumoulin[1], impérialiste dévoué pour qui la dynastie

1. C'est lui que M. de Lamartine signale dans ses mémoires politiques dans les termes suivants : « Le colonel

des Napoléon était un véritable culte. — Le 24 février, Dumoulin, que je connaissais depuis longtemps, pour l'avoir vu en 1815, à Lyon, à la suite du prisonnier de l'île d'Elbe, vint me frapper sur l'épaule, au moment où, comme tant d'autres, je lisais avec avidité une affiche qu'on venait de placarder à l'angle de la rue Laffitte et du boulevard : c'était l'avis un peu tardif, comme on sait, que MM. Thiers et Duvergier de Hauranne allaient être appelés au ministère. « Laissez-donc cette affiche, me fit Dumoulin en tirant de sa poche une lettre signée par Louis-Napoléon qui venait de la lui adresser de Londres, et mettant le doigt sur la signature du prince, il ajouta d'un ton résolu : Voilà celui qu'il faut appeler au ministère. »

Ces paroles me firent lever les épaules: «Vous ne voyez donc pas, répondis-je à Dumoulin sottement, que le vent n'y est pas... » Et je le quittai en le traitant de fou. Le fou, c'était moi... Chaque fois que ce souvenir m'apparaît, j'éprouve le regret que doit ressentir tout homme de cœur qui a eu le malheur d'ébranler la foi d'un vrai croyant; heureusement, celle du pau-

Dumoulin, ancien officier d'ordonnnance de Napoléon, qu'unit le fanatisme de ses souvenirs militaires au fanatisme de la république, se jette au milieu de la foule comme pour l'entraîner à un assaut. Il arrache le drapeau du trône des mains d'un des combattants, gravit l'escalier des orateurs et, posant la hampe du drapeau sur le marbre de la tribune, il semble attendre qu'un orateur le suive pour y proclamer la révolution. »

vre Dumoulin, comme celle de la dame dont je viens de parler, était inébranlable, et il fallait qu'elle fût bien solide pour résister à l'incrédulité générale et à l'entraînement républicain du moment.

On doit penser, d'après tout ce qui précède, que je ne songeais guère, alors, à la communication qui m'avait été faite par ma mère au sujet de sa parenté avec la famille Bonaparte et je n'y aurais certainement pas songé davantage sans la lettre que je venais de recevoir de Vienne quelques mois après la révolution de Février; les choses à cette époque étaient bien changées.

Le jeune prince au nom duquel on avait voulu m'enrôler quinze ans auparavant était à la tête de la République française, et à la veille de devenir le plus puissant souverain de son temps. La famille Bonaparte venait de reconquérir à la suite d'une révolution les titres et le rang suprême qu'elle avait perdus à la suite de 1815 — Il y avait là de quoi réveiller en moi plus d'une ambition, plus d'une espérance; mais la seule ambition que j'avais alors était de me retirer tout à fait à la campagne, afin d'y rétablir ma santé, fortement ébranlée à la suite d'une horrible fracture du fémur, et d'une grave maladie que je fis à l'époque du premier choléra.

Cela n'empêchait pas que mes sympathies et mes convictions ne s'alliassent parfaitement avec la flatteuse parenté dont ma mère m'avait laissé la trace quinze ans plus tôt. J'étais heureux de l'intérêt que la veuve de Lucien Bonaparte avait paru prendre à sa famille maternelle, et fier de me voir allié à l'une des branches de ce grand nom. Mais l'empressement que je mis plus tard à aller au-devant des informations qu'avait réclamées l'illustre voyageuse à son passage à Vienne n'avait nullement pour motifs les avantages que pouvaient me présenter dans un avenir plus ou moins éloigné les suites de cette flatteuse relation Je crois même que je n'aurais pas été moins fier de cette circonstance, si la famille Bonaparte se fût encore trouvée en exil; peut-être l'aurais-je été beaucoup plus, et je ne crains pas qu'il se trouve un seul de mes amis qui, à cet égard, puisse suspecter ma sincérité.

II

Sur la communication qui me fut faite du passage de la princesse à Vienne, et ne sachant où résidait l'illustre veuve, je me présentai chez son fils aîné, le prince de Canino, que les événements de Rome avaient amené en France et qui venait d'arriver à Paris quelques jours avant celui où il me fit l'honneur de me recevoir. Je lui demandai s'il pouvait se charger de transmettre à la princesse les renseignements qu'elle avait réclamés elle-même, à son passage à Vienne, au sujet de sa famille maternelle : le prince me fit comprendre que sa mère, ne l'ayant point mis au courant de cette circonstance, il lui répugnait de servir d'intermédiaire à ma communication, ajoutant que je pouvais écrire directement à la princesse, qui ne manquerait pas de me remercier de mes renseignements. Je répondis au prince que j'eusse naturellement pris cette voie si j'avais connu la résidence de sa mère, mais que j'ignorais complétement qu'elle fût en France, en Angleterre ou en Italie. *Vous pouvez lui écrire à Sinigaglia, États romains*, répondit le prince, *ma mère recevra exactement votre lettre.*

Quinze ou vingt jours après, j'eus occasion de revoir le prince Charles et d'échanger quelques mots de politique avec lui sur les événements de Rome ; il ne fut pas longtemps à s'apercevoir que je m'intéressais vivement aux affaires d'Italie et que j'étais un adversaire déclaré de cette malencontreuse intervention de 1849. Cela parut lui faire plaisir; car, me ramenant aussitôt sur le chapitre de mon premier entretien avec lui, il me demanda avec un intérêt marqué si j'avais reçu une réponse de sa mère. Je répondis qu'à l'instant même je venais d'en recevoir une fort bienveillante et très-flatteuse pour ma famille. Alors il me fit l'honneur de me demander mon adresse, et le lendemain je reçus sa carte.

Voici la réponse que fit la princesse à la lettre que je lui avais écrite en qualité de rejeton de la famille à laquelle elle paraissait prendre un si vif intérêt; cette lettre fut le commencement d'une correspondance qui ne devait finir que la veille de sa mort.

Casin de la marine, près de Sinigaglia, 16 nov. 1850.

« Monsieur,

« Je vous remercie de l'obligeance que vous avez mise à m'offrir les renseignements que j'ai en effet demandés à mon passage a Vienne, en 1845; c'est avec beaucoup d'intérêt que j'ai vu la vénérable cathédrale où je savais que mes parents avaient prié pendant plusieurs générations. J'aurais été charmée de vous trouver à Vienne, parce qu'il me semble que si madame votre mère était une demoiselle Papet, nous nous trouverions avoir une de ces relations toujours douces pour les cœurs sensibles. C'est vous dire, monsieur, qu'à Vienne ou tout autre part, j'aurais beaucoup de plaisir à vous rencontrer et à vous témoigner de vive voix que je suis dans les sentiments d'estime très-distinguée.

« Votre affectionnée,

« Veuve BONAPARTE LUCIEN. »

« Je commençais à craindre que ma réponse à votre précédente lettre ne vous fût point parvenue : au temps qui court, et dans ce pays-ci, nous sommes un peu coutumiers du fait; heureusement, la seconde me donne raison du retard dont j'accusais la poste.

« Vous me manifestez l'intention de revoir l'Italie, cette pauvre reine-esclave si digne d'intérêt et à qui je porte un amour filial tél que ses douleurs sont les miennes, et jugez si j'en ai dans ce moment[1]. Enfin, monsieur, tout en gardant le cœur français, je doute que personne aime plus l'Italie que moi. Ah! quel chagrin vous éprouveriez dans ce pays, si vous y veniez ! Moi, je vous assure, et c'est encore une chance de vous voir, que si les choses durent comme elles sont, je ne veux plus y rester, même en peinture. Figurez-vous qu'à tout moment, on rencontre de jeunes imprudents empêchant leurs camarades de fumer, bâtonnés à mort ou allant mourir à l'hôpital. Les infortunés habitants de Sinigaglia et d'Ancône sont réduits à fermer leurs fenêtres pour échapper aux cris des victimes ; et puis, après l'exécution, s'ils l'ont supportée sans être trop malades, on les retient en prison quatorze jours au pain et à l'eau. Heureusement, je n'habite pas Sinigaglia; car, si j'y étais, et que j'entendisse les cris de ces malheureux, ou j'étoufferais, ou j'irais affronter les bourreaux... Et dire que messieurs les Autrichiens, au moins certains, trouvent ce spectacle divertissant, et montent sur le clocher pour en jouir plus à leur aise ! Ah ! oui, il n'y a pas de mal à voir d'avance le terme inévitable de la vie, si on est condamné à être témoin de telles horreurs. Je suis, monsieur, etc., etc. »

Cette lettre, à laquelle je m'empressai de répondre,

1. Allusion à la réaction qui suivit les événements de la Romagne.

donna lieu entre la princesse et moi à une telle activité de correspondance, que, sur le désir que cette généreuse femme daigna me témoigner de me connaître personnellement, je résolus de me rendre auprès d'elle aussitôt que mes affaires me le permettraient.

Ce moment arriva plus tôt que je n'osais l'espérer, grâce aux événements du 2 décembre, qui se présentèrent à mon imagination sous des couleurs si sombres et si décourageantes, qu'ils me rendirent le séjour de la France d'une tristesse mortelle. Aussi n'aspirai-je plus qu'à m'en éloigner, au moins pour quelques mois.

Cette fameuse crise de 1852, si redoutable aux yeux de tant de gens, et que le coup d'État venait de conjurer avec tant de bonheur, n'avait aux miens rien de bien menaçant. J'y voyais le dévoilement final de toutes les opinions équivoques, et de toutes les ambitions réactionnaires qui encombraient le parlement ; j'y voyais surtout le retour des idées au nom desquelles s'était faite la révolution de Février. En un mot, j'espérais, je ne désespérais pas, comme tant d'autres intéressés à désespérer. Vrai campagnard, vivant dans l'isolement, à l'écart des partis dont je me suis toujours tenu éloigné, je n'avais d'autre ambition que celle de conserver l'indépendance absolue de mes opinions. L'âge m'avait appris à n'ajouter foi ni aux promesses banales des gouvernements, ni aux inquiétudes calculées des oppositions; mais j'avais ce que tout le monde n'a pas, ce que j'aurai toujours : confiance dans l'humanité progressive, religion comme une autre, où la peur n'a pas de prise et l'avenir pas de nuages.

La crise pouvait donc arriver, je l'attendais de pied ferme, comme ces âmes pleines de foi que le mystère du grand voyage ne saurait effrayer. J'aurais toujours applaudi à son dénoûment, quel qu'il pût être, pourvu qu'il eût amené une politique réparatrice de 1815. — Cette idée, je l'avoue, était chez moi à l'état de fixité; elle ne m'avait pas quitté un seul instant depuis cette époque fatale; c'était ma pensée du jour et de la nuit, et tous ceux qui ne me semblaient pas partager la même préoccupation étaient presque à mes yeux des ennemis indignes du nom français.

On comprend combien une pareille disposition d'esprit devait rendre difficiles mes relations avec la plupart de mes amis, dont beaucoup, moins pénétrés que moi des souvenirs de 1815, m'attribuaient les opinions les plus avancées, sans se douter que tout le rigorisme de mes principes se résumait alors dans ces trois mots: revanche de 1815. — Aussi, le plus beau jour de ma vie, fut-il celui où je vis franchir les Alpes par nos invincibles phalanges, comme celui où elles s'arrêtèrent sur le Mincio devait en être le plus triste. On peut juger, par la pièce suivante, à quel degré d'exaltation anti-autrichienne la guerre d'Italie avait monté mon enthousiasme, malgré mes soixante ans.

AUTRICHE, IL FAUT PARTIR!

DÉDIÉ A LA GÉNÉRATION DE 1815.

Dix-huit cent quinze est mort!!! et la honte d'un jour
Sous des lauriers nouveaux va passer sans retour.
Autriche de malheur, cauchemar de ma vie,
Toi qui tins si longtemps l'Italie asservie,
Espérant l'engourdir sous ton joug odieux,
Va récolter ailleurs tes rameaux radieux.
Dès mes plus jeunes ans ton shako m'importune,
Contre lui j'eus toujours une vieille rancune,
Et si tu ne me vois d'autre arme que mes vers,
C'est que j'ai sur le front plus de soixante hivers.
Oh! que ne puis-je encore, armant mon bras débile,
Te consacrer la fin d'une vie inutile,
Et le fusil en main, chasser du sol lombard
Tes Croates chéris et leur digne étendard.
Un jour je les ai vus, ces soutiens de l'Autriche,
Étaler fièrement leur emblème postiche,
Au moment où le Rhône accueillait sur son bord
Le héros invincible abattu par le sort.
O Lyon! cher pays, tu connais leurs exploits,
Sous tes murs étonnés ils ont paru deux fois,
Et tu sais comme moi ce que fut leur courage,
Lorsque dans Bellecour leur insolent feuillage,
Offusquant les regards du bataillon sacré,
Qui suivait en exil le soldat adoré,
Fut arraché soudain par la garde fidèle,
Et foulé sous les pieds sans rompre une semelle.
Huit cents contre dix mille, et vingt canons braqués,
Furent en un clin d'œil à bas et détraqués,
Et l'on vit tous les chefs se tenir à distance,
Sans qu'un seul opposât la moindre résistance.

Ah! c'est que le Français a, pour être vainqueur,
Un moyen toujours sûr : ce moyen, c'est le cœur...
Ce fait miraculeux n'est point imaginaire,
Car il eut pour témoin la ville tout entière [1].
—Autriche... il faut partir; vers les monts du Tyrol,
Ton aigle, sans retard, doit reprendre son vol.
On ne te verra plus, aigle problématique,
Étreindre sous ta serre une race héroïque,
Dévaster les moissons et semer le trépas
Sous l'infecte senteur qui s'attache à tes pas.
Sur les rives du Pô, tes machines de guerre
Bientôt ne feront plus résonner leur tonnerre;
La plus belle moitié de notre genre humain
Ne ressentira plus le bâton sous ta main,
Et le tudesque accent de ta langue barbare
Ne fera plus frémir la fille de Pindare.
Tes cadets corsetés aux rougeâtres cheveux,
Traînant d'un pas égal leur long sabre après eux,
N'iront plus en vainqueurs étaler au théâtre
Leur poitrine de guêpe et leur regard bellâtre,
Et l'opéra rouvrant son merveilleux concert
Ne nous offrira plus l'image du désert;
La beauté qu'y blessait leur coup d'œil érotique,
Reprenant le chemin de l'immense portique,
Assise mollement sur ses bancs de velours
Va rendre à la Scala l'éclat de ses beaux jours.
Et toi, reine des mers, gracieuse Venise,
Fille de l'Orient, toi trop longtemps soumise,
Idole des beaux-arts, asile du bonheur,
Tu ne subiras plus le joug d'un gouverneur...

1. J'ai toujours pensé que cet épisode du passage de Napoléon à Lyon, pour se rendre à l'île d'Elbe, eût été un admirable sujet de peinture, et je m'étonne qu'aucun artiste lyonnais ne s'en soit encore emparé.

Le lion de Saint-Marc, gloire de l'Italie,
Va respirer encor la brise d'Éolie,
Et retrouvant enfin ses jours de liberté,
Il va reconquérir ses vieux droits de cité.
Les enfants du canal, perchés sur leurs gondoles,
Pourront chanter en paix leurs douces barcarolles,
Sans craindre que le nom de l'immortel Manin
Leur fasse rencontrer le Croate en chemin.
Et vous, bords enchanteurs arrosés par la Brente,
Reflétant sous l'azur le marbre de Corinthe,
Au milieu de deux rangs de palais somptueux,
Vous ne servirez plus de bivouac à leurs feux...
Vos paisibles contours, chers à plus d'un poëte,
N'entendront plus le son de leur aigre trompette.
Le chantre des bosquets, célébrant leur départ,
Ne redoutera plus leur oblique regard.
Et toi, Lido chéri, favori de l'Aurore,
Où l'ombre de Byron erre et gémit encore,
Tu ne sentiras plus tes tombeaux profanés
Sous les pas chancelants de soldats avinés.
Ah! tu n'étais pas neutre [1], ô fils de l'Angleterre,
Lorsque les yeux fixés sur le pays d'Homère,
Devançant au Lido l'étoile du matin,
Tu rêvais pour Venise un plus heureux destin.
Et que, forgeant en paix ton sublime hémistiche,
Tes lèvres vomissaient l'anathème à l'Autriche!
O Byron! digne ami de l'Italie en pleurs,
Bientôt tu pourras voir la fin de ses douleurs;
Du haut du mont Cenis, guidés par la victoire,
Les Français ont fixé le jour expiatoire;
Croates et uhlans vont quitter pour toujours

1. Allusion à la neutralité de l'Angleterre pendant la guerre d'Italie, neutralité que Garibaldi a oubliée un moment, mais que l'histoire n'oubliera pas.

Le pays des beaux-arts et celui des amours.
—Autriche.... il faut partir, ton heure est accomplie,
Pour toi, dès à présent, il n'est plus d'Italie,
Assez, assez longtemps tes soldats affamés
Ont moissonné les champs qu'un autre avait semés;
Retourne à ton Danube et dis à tes esclaves
Qu'il faut céder la place au tambour des zouaves,
Et que leur empereur, fidèle à son mandat,
A l'Italie enfin va rendre son éclat,
L'affranchir pour toujours des caprices d'un maître
Sans que jamais tyran y puisse reparaître [1].

Le lecteur pourra trouver étrange et folle une aussi vive préoccupation de nos désastres de 1815, fait accompli depuis un demi-siècle [2]. La seule explication que je puisse lui donner est celle-ci : mes souvenirs!

Souvenirs de 1814; Souvenirs de l'île d'Elbe; Souvenirs de Waterloo; Souvenirs de Ney et de Mouton-Duvernet; Souvenirs de la terreur blanche; Souvenirs de Sainte-Hélène; Souvenirs de l'Italie autrichienne, et tant d'autres se rattachant plus ou moins à celui de l'invasion étrangère. Toutes ces dates entassées, et gravées dans ma mémoire, avaient été la constante préoccupation de ma vie.

1. Malheureusement, la politique et l'humanité n'ont pas permis que les espérances de l'auteur devinssent une réalité; mais la question vénitienne ne saurait tarder à recevoir une solution.

2. Je vois, d'après le discours d'Auxerre, que je n'étais pas seul à détester les traités de 1815, et surtout que je ne suis déjà pas en si mauvaise compagnie.

Voilà ce que ne pourrait pas comprendre la génération présente dont l'esprit, tourné vers d'autres horizons que ceux d'un patriotisme rétrospectif et sans motif aujourd'hui, confond et relègue avec indifférence dans les catacombes de l'histoire tous les faits politiques dont elle n'a pas été témoin. 1815 ne saurait la toucher plus que tout autre époque ; elle promène ses regards désintéressés sur les reliefs de l'arc-de-triomphe, et sur le bronze de nos colonnes publiques avec le même sangfroid que celui du touriste en face des monuments de Rome. Ceci peut expliquer l'espèce d'opposition que rencontra la guerre d'Italie en 1859. A l'exception, des masses qui vont toujours où le courant des grandes choses les entraîne, peu de jeunes gens applaudirent à cette guerre généreuse, gloire du second empire; les vieillards seuls la virent avec satisfaction, que dis-je? avec bonheur! Je ne parle pas de ceux qui avaient combattu dans les rangs de la restauration, ceux-là devaient être hostiles à la guerre d'Italie; il ne peut-être question ici que des vieillards ayant appartenu à ce qu'on appelait alors le parti libéral : je maintiens qu'aucun de ces derniers, quelle que soit leur ligne politique actuelle, ne fut contraire à la délivrance de la péninsule [1].

Mais il était naturel que la jeunesse de 1859 fût indifférente à la délivrance de l'Italie, quand les

1. A l'exception peut-être de M. Thiers, dont l'opinion sur l'Italie a été longtemps problématique, quoi qu'en ait dit l'illustre historien.

hommes de 48, eux-mêmes, avaient donné l'exemple de cette coupable et impolitique indifférence; car, il faut bien le dire, c'est à peine si quelques-uns des grandscitoyens, dont le nom se rattache à cette mémorable époque, songèrent à élever la voix en faveur de l'Italie. Lamartine, lui-même, puisa bien plus sa timide et tardive sollicitude pour les Italiens aux sources de ses souvenirs de jeunesse et de la poésie, que dans sa répulsion pour les choses de 1815. On peut dire, sans être injuste envers le noble et courageux chef du gouvernement provisoire, que sa politique à l'égard de l'Italie ne fut point à la hauteur du sublime élan qui avait présidé aux actes de sa glorieuse dictature, alors qu'il apparut à tous, moins comme le représentant d'une République locale et durable, que comme le régénérateur de l'Europe et l'ancre de salut de l'humanité tout entière, grande mission que la Providence avait confiée à la révolution de Février, dans la personne du plus beau génie de l'époque!

C'était donc, je le répète, à mes souvenirs que je devais mon idée fixe sur 1815, et bien que l'âge et la revanche obtenue en Crimée et en Lombardie aient beaucoup attiédi l'ardeur de mes rancunes, je ne m'en trouve pas encore complétement affranchi, surtout lorsqu'il m'arrive de porter ma pensée sur le Rhin ou sur la Vénétie, sans parler du lâche attentat de Sainte-Hélène......

Quelque temps après la guerre d'Italie, le prince

Napoléon Jérôme, ayant bien voulu recevoir de mes mains un petit volume sur la question italienne, me fit l'honneur de me demander à quoi j'employais mes loisirs : « A faire la guerre aux traités de 1815 depuis quarante ans, lui répondis-je. — Et vous faites bien, » répliqua le prince, en appuyant sur ces mots, mais sans se douter assurément de l'extrême exactitude de ma réponse qui n'avait rien d'exagéré. Je n'ai jamais rempli aucune fonction publique[1]; ni ma santé ni mes goûts ne me l'eussent permis, si le cas de choisir la carrière des emplois se fût présenté pour moi. Eh bien! je ne crains pas d'affirmer ici que, par une propagande incessante, dans tous les milieux où j'ai vécu, dans toutes les situations où je me suis trouvé, dans toutes les révolutions et les élections que j'ai traversées, depuis quarante ans, et mes contemporains savent si j'en ai traversé, j'ai plus travaillé à décrier 1815 qu'aucun homme d'Etat ou publiciste hostile aux honteuses conventions de cette malheureuse époque. En France, en Italie, en Espagne, partout où le sort m'a jeté de 1815 à 1865, juste un demi-siècle, j'ai coopéré sans relâche, dans les limites de ma sphère et de mes relations aux mouvements politiques contraires aux actes de 1815, et toujours sans autre caractère que celui de simple citoyen, et sans autre mobile que la haine que m'in-

1. Depuis les dernières élections municipales, il ne m'est plus permis d'être aussi affirmatif; heureusement, le poids de mes fonctions n'est pas bien lourd.

spiraient instinctivement ces traités et les envahisseurs de la France.

Enfin, je poussai si loin cette ardeur de propagande, que j'avais fini par trouver le moyen de la faire même parmi les députés, dont j'avais occasion de voir journellement un grand nombre, avec lesquels j'étais lié, et à qui j'avais l'habitude de donner rendez-vous au palais Bourbon, dans la salle des Commissions.—Toutes les fois qu'il s'agissait de la politique étrangère, je ne manquais pas d'être à mon poste, et de monter la tête à quelque député de l'opposition, mais toujours moins accentué que moi à l'endroit de 1815. Si je voulais concentrer mes souvenirs sur toutes les remarques que j'ai été à même de faire dans les couloirs des Commissions, ce volume n'y suffirait pas, et la matière ne manquerait certainement pas d'intérêt.

Je n'étais pas seul à fréquenter assidûment les abords des Bureaux, j'y rencontrais fréquemment M. Merruau, l'un des rédacteurs du *Constitutionnel* d'alors. La physionomie douce et modeste de ce personnage, aujourd'hui conseiller d'État, lui rendait très-facile l'accès des députés influents, avec lesquels il avait de longs et fréquents entretiens ; c'est même à son exemple que j'appris à me renseigner par les membres des Commissions sur le résultat des votes de chaque bureau, au moment où l'opération était terminée, ce qui s'annonçait toujours par la sortie précipitée des députés de leur bureau respectif.

La complaisance que ces messieurs mettaient à satisfaire ma curiosité répondait d'ailleurs à celle que je mettais de mon côté à venir au-devant de la leur; car, ne connaissant jamais que les résultats de leur propre bureau, ils étaient toujours fort désireux de connaître aussi celui des autres commissions, avant de quitter la Chambre.

Combien de fois n'ai-je pas fait avec Messieurs les ministres de la royauté bourgeoise l'échange de ces petits services, surtout avec M. Guizot, qui, sans savoir mon nom venait droit à moi, jeter son coup d'œil intéressé sur la liste que j'avais à la main; mais quelle que fût l'impassibilité de son regard, l'impression qu'il éprouvait de telle ou telle nomination ne m'échappait guère, et souvent je l'entendais dire à quelques collègues ou députés de la majorité: « Nous verrons à la séance... » ou bien, « Je m'en doutais; » le plus souvent il leur serrait la main, en signe de satisfaction. Une fois, je crus entendre qu'il disait à M. Duchâtel : « C'est toujours Dupin qui nous joue ces tours là. »

C'était un spectacle fort piquant que celui de tous ces hommes politiques, se heurtant à la sortie des bureanx, et se saluant à peine quand ils appartenaient à un camp opposé. Si c'était M. Guizot qui se rencontrait avec M. Odilon Barrot, celui-ci s'inclinait avec un léger dédain, auquel le ministre ne répondait que d'une façon imperceptible. Si c'était M. Duchâtel qui rencontrait un personnage de l'opposition, il passait droit comme un pieu sans apercevoir personne, et ne s'arrêtait jamais, comme le faisait M. Guizot, pour s'entretenir avec les députés, pas plus avec ceux de la majorité qu'avec ceux de l'opposition. On reconnaissait bien, dans cet honorable personnage, à sa marche roide et précipitée, le ministre d'action, plus occupé de la direction de son ministère que de celle des cancans politiques, à l'opposé de M. Guizot, qui, en véritable général de sa majorité, consacrait la plus grande partie de son temps à combiner les mouvements de sa stratégie parlementaire.

Le contact journalier de tous ces hommes publics, dont plusieurs étaient mes amis, et même mes parents, avait fini par me rendre nécessaire la fréquentation du Palais Bourbon, dont je connaissais le tempérament et les habitudes, beaucoup mieux, peut-être, que si j'avais eu l'honneur de faire partie de la Chambre. Je m'étais fait si longtemps une fausse idée de tout ce monde-là, d'après les journaux, que je trouvais très-piquant et très-instructif, de rectifier mon jugement en étudiant les masques de près. La rectification ne leur était pas toujours favorable : j'ai vu bien des visages dont l'expression ne répondait nullement à l'idée que je m'en étais faite à la lecture de leurs discours, et j'ai eu occasion de remarquer, bien souvent, que les plus libéraux, à la tribune, n'étaient pas toujours les plus simples et les plus puritains en réalité. Combien de fois n'ai-je pas souhaité à d'austères démocrates la bienveillance et l'intégrité de ce pauvre M. Fulchiron, vrai type du conservateur pur sang, et dont l'extrême aménité alla un jour, je ne sais plus à quel propos, jusqu'à donner l'accolade, en pleine chambre, et aux applaudissements de l'assemblée, à M. Odilon Barrot, la bête noire alors des conservateurs.

Je poursuivis ainsi le cours de mes observations parlementaires jusqu'à la fin de 48, toujours ma propagande anti-1815 à la bouche, et ne pouvant comprendre que Messieurs du Gouvernement provisoire envoyassent plutôt le peuple aux ateliers nationaux que dans les plaines de la Lombardie.

Malheureusement, après 1848, le courant politique ne paraissait pas aller de ce côté-là, pas plus à l'époque de la présidence qu'à celle du gouvernement provisoire, qui pensait bien moins à franchir les Alpes qu'à lancer des fusées sur la place de la Concorde. Aussi, les mots de Bordeaux furent-ils pour moi, qui les avais pris un peu trop à la lettre, un vrai coup de foudre et le renversement de toutes mes espérances. La paix, je la désirais comme tout le monde, comme nous la désirons tous au déclin de la vie, mais je ne la voulais qu'après la revanche que j'attendais depuis si longtemps; et de cette revanche personne ne disait mot, pas plus les meurtris de Waterloo que les promoteurs de Février, comme s'il eût été possible de restituer à la France son rang, son territoire et sa splendeur avec le stigmate de la défaite et de l'invasion sur son front...

Ah! si j'avais pu deviner alors que la main qui allait anéantir la Constitution républicaine était celle que la Providence avait choisie pour pulvériser les traités de 1815, amoindrir la puissance moscovite, rabaisser l'orgueil britannique, et, enfin, expulser les Autrichiens de la Péninsule, quels vœux n'aurais-je pas faits, pour le succès de ce 2 décembre qui allait montrer à la France le chemin de l'Italie... et lui rendre son indépendance.

Mais, je ne voyais rien qui tendît à ce résultat, ni dans le présent, ni dans l'avenir; et quand les impérialistes me disaient : « Attendez, et vous verrez! » je répondais avec découragement que l'Empire n'oserait pas plus que 1830 et 1848, et je retombais aussitôt dans mes tristes et faux pressentiments.

Je la voyais, cette pauvre république de 48, si débonnaire et si calomniée, foulée aux pieds de ses ennemis; son chef entouré déjà d'hommes hostiles à la révolution; les mots de liberté, de progrès et de fraternité voués sans pitié au dédain de ceux qui les avaient le plus invoqués, et celui de république mis à l'index, avant même que le gouvernement eût cédé la place au régime qui devait lui succéder[1].

1. M. de Lamartine, en parlant des partis réactionnaires qui s'acharnèrent contre la République, comme plus tard ils s'acharnèrent contre l'empire, s'exprime ainsi dans ses Mémoires politiques :

« Ils soulevèrent la France contre les républicains de Février.

Il ne me restait plus aucune illusion, et je commençai à me demander si ceux qui tenaient véritablement aux institutions républicaines ne tenaient pas plus au nom qu'à la chose...

A dater de ce moment, je me promis bien de ne plus reconnaître au monde qu'un seul parti, celui des gens de cœur, à quelque catégorie sociale qu'ils appartinssent, et j'ai la satisfaction d'ajouter qu'après seize ans d'épreuve, je n'ai pas eu une seule fois à me repentir de ma décision.

III

Les événements du 2 décembre m'avaient, comme on voit, bien tristement impressionné, si tristement que la vue seule d'un journal m'irritait les nerfs, à ce point que je ne dormais plus... Ma famille comprit bien vite qu'il y allait de ma santé, assez faible déjà, et que cet état d'excitation allait achever de l'altérer complétement.

« Ils soldaient des journaux et des brochures contre tous ses principes et contre toutes ses œuvres.

« Ils prédisaient avec audace son renversement prochain.

« Ils raillaient jusqu'à sa modération à l'extérieur, et ils finissaient par faire eux-mêmes la plus immorale et la plus impuissante des interventions à Rome, pour le rétablissement, non pas de l'indépendance spirituelle du pontife, mais de la souveraineté temporelle théocratique et sacerdotale du pape. »

On me proposa de faire un voyage à Lyon, mon pays natal, et d'y passer l'hiver. « Non, répondis-je ! ce serait comme à Paris... Allons chez la princesse qui nous attend ; peut-être nous dira-t-elle le sort que son neveu réserve à la France ! » Sans nous le dire précisément, elle nous le fit bien un peu pressentir, n'osant rien affirmer, cependant, sur celui qu'il réservait aux traités de 1815, dont le renversement m'importait autrement plus que tout le reste et dont la princesse se préoccupait, pour le moins, autant que moi, reléguée qu'elle était au milieu de cette malheureuse Italie, victime spéciale des œuvres de 1815.

Une fois ma décision prise, avec l'intention de l'exécuter sans retard, je me sentis renaître. Le voyage d'Italie me souriait à plus d'un titre. J'allais enfin connaître, autrement que par correspondance, cette digne veuve de Lucien Bonaparte, vers laquelle je me sentais entraîné autant par une ancienne et respectueuse admiration pour le grand caractère de son mari que par le charme d'une correspondance empreinte des sentiments les plus élevés. Je me voyais, moi, simple propriétaire de village, sans aucun caractère public, à la veille de serrer la main, en qualité de parent et d'ami, à l'illustre veuve de ce grand citoyen, Lucien Bonaparte, dont la popularité parmi les masses avait enthousiasmé ma jeunesse, popularité que lui valut bien plus le titre d'un Bonaparte sans couronne que le nom prodigieux qu'il portait. Cette idée m'eût poussé non-seulement à Sinigaglia, mais au bout du monde si la princesse s'y fût trouvée.

J'allais aussi revoir l'une des plus grandes célébrités musicales de ce siècle, le maestro Verdi, que j'avais connu à Paris, quelques jours après la révolution de Février. La conformité des opinions politiques de Verdi avec les miennes, à cette époque de défiance générale et de fièvre révolutionnaire, ne tarda pas à établir entre l'illustre compositeur et moi d'étroites relations. Outre la conformité d'opinion, il y avait aussi celle des goûts. Verdi aimait la liberté, la campagne, les beaux-arts, la retraite, le petit comité : toutes choses que j'aimais comme lui, sans parler de ce que nous n'aimions ni l'un ni l'autre, les coteries littéraires ou artistiques et le vain caquetage des salons. Grand amateur de la vie champêtre, et un peu fatigué des vagues tumultueuses que le vent de Février avait amoncelées sur Paris, Verdi résolut de choisir un pied-à-terre aux environs de la capitale, où il pût se voir à l'abri des visiteurs et des importuns; aucune localité ne pouvait mieux convenir à sa nature inquiète et méditative que le paisible village où j'avais pris racine, sur un frais plateau de la Brie, à deux pas de la romantique vallée d'Hierres, séjour favori du grand artiste tragique dont le souvenir est toujours vivant dans cette agreste localité.

Je fus heureux de pouvoir mettre à la disposition de Verdi une partie de ma maison, bien plus à titre d'ami qu'à titre de locataire, et Dieu sait quelle dose de diplomatie il lui fallut employer pour me décider à lui reconnaître ce dernier titre, sans porter atteinte à l'autre.

L'illustre auteur de *Nabucco* et d'*Attila*, car il ne l'était pas encore du *Trovatore*, s'installa avec madame Verdi dans le pavillon que je lui avais réservé; c'était, je crois, vers le 8 ou le 10 du mois d'avril, au moment même où s'opère cette mystérieuse renaissance de tout ce qui veut apparaître au banquet de la vie. On eût dit que tous les chantres de l'air, le rossignol en tête, s'étaient donné rendez-vous autour du pavillon de Verdi pour y célébrer en chœur l'arrivée du grand compositeur. Les pins gigantesques, qui ombrageaient la croisée de sa chambre, étaient couverts d'une multitude de musiciens ailés, comme s'ils eussent été attirés là par les mélodieuses ritournelles du maître. Verdi, sa croisée grande ouverte, était au deuxième ciel; il respirait à pleins poumons l'air embaumé du matin, et s'écriait à chaque instant : « Magnifique ! » Lamartine dit quelque part qu'il se sent l'ami de tout contemplateur enthousiaste de la nature; personne, à ce titre, ne serait plus digne que Verdi de l'amitié du grand poëte. Dans ces moments d'admiration, il ne pensait plus qu'aux travaux de la campagne, au drainage, à la fenaison, à la moisson, aux vendanges... Il ne rêvait plus que culture et promenades champêtres. Plus de musique, plus de partitions; plus de répétitions; plus de politique! Oubli complet de Paris et de tout ce qui se passait d'étrange et de neuf dans ce gouffre incommensurable dont nous n'étions pourtant qu'à quelques kilomètres. Quand son admiration le laissait libre de s'occuper d'autre chose que de culture et de campagne, Verdi s'initiait par la lecture à tous les chefs-d'œuvre de la littérature française, et particulièrement à ceux de Voltaire. On voyait déjà germer le philosophe et le novateur musical dans l'âme de l'artiste. A cette époque, Verdi n'était pas encore classique, mais il allait le devenir à double titre, comme compositeur et comme patriote ; et même on pourrait croire, d'après la nature un peu casanière de ses habitudes, que sans son ardent amour pour son pays, l'auteur du *Trovatore* n'eût peut-être pas dépassé les limites du talent ; s'il eut du génie, c'est que la patrie fut la source où sa pensée puisa les trésors de sa mâle et fougueuse composition[1]. On a eu raison de dire que les frémissements de sa musique pressentirent ceux de sa patrie; il bondissait à la seule idée de l'occupation de Rome, et si mes opinions m'eussent porté à contredire les siennes à ce sujet, je ne sais pas comment il aurait pris la chose. Mais Verdi savait bien que je pensais comme lui, et que,

1. « De même qu'il y a une température physique qui détermine l'apparition de telle ou telle espèce de plantes; de même il y a une température morale qui détermine l'apparition de telle ou telle espèece d'art. » — TAINE. *Philosophie de l'Art.*

sans être Italien, j'étais aussi contraire à l'occupation de Rome que lui-même pouvait l'être.

Un jour pourtant où l'illustre compositeur était plus exaspéré que d'habitude à l'idée de cette intervention illogique (et il y avait bien de quoi), j'essayai de le calmer en lui faisant observer que le gouvernement seul était responsable de cette inqualifiable intervention ; que la troupe n'avait fait le siége de Rome qu'à regret et à contre-cœur ; c'était de l'huile que je mettais sur le feu ! Verdi n'admettait pas cette distinction, si juste et si exacte qu'elle fût; il exprima nettement l'opinion que l'armée était aussi coupable que la nation, et la nation autant que le gouvernement. Je lui répondis que je n'étais pas de son avis sans ajouter un mot, voulant conjurer le grain que ma dénégation plus juste que logique allait nous amener [1]. Je n'ai plus souvenir de la réponse que suggérèrent à l'illustre maestro les deux mots que j'avais prononcés, mais je sais bien qu'elle était empreinte de la plus vive excitation patriotique, et que nous achevâmes notre route (nous étions en cabriolet) sans nous adresser une seule parole. Lorsque nous arrivâmes à la maison, nos dames, en nous voyant l'un et l'autre plus animés que d'habitude, s'écrièrent ensemble : « Il y a quelque chose, vous avez parlé politique. — C'est vrai, répondis-je, et cependant nous partageons les mêmes idées. »

1. Si l'on admet comme principe de toute autorité le suffrage universel, il est hors de doute que Verdi avait raison.

Nous nous tendîmes la main, et tout fut dit.

Après six mois de cette vie de liberté et de famille, pendant laquelle Verdi trouva le moyen de faire éclore sa partition de *Louise Miller*, il prit congé de la campagne pour y revenir deux ans plus tard donner le jour aux *Vêpres Siciliennes*. En nous quittant, il nous fit promettre de ne pas aller en Italie sans lui consacrer quelque temps à Bussetto, son pays natal, où il fondait sur un vaste terrain de culture le centre d'une propriété qui, dit-on, est devenue une habitation somptueuse. J'aime à croire que c'est une calomnie; les palais et la somptuosité n'engendrent jamais que des flatteurs et de faux amis.

Mais ce qui donnait à notre voyage d'Italie un attrait de plus, c'est que nous allions revoir ce splendide pays de Naples, qui était devenu pour moi une seconde patrie, autant par suite de l'alliance que j'y avais contractée longtemps auparavant, qu'à cause des nombreux amis que j'y avais laissés...

Mais, hélas ! que de vides ne devais-je pas trouver dans leurs rangs!.. La plupart avaient été moissonnés prématurément, et, parmi eux, je dois citer avec orgueil le brave général Florestan Pepe, dont la mort précéda de quelques années celle de son frère Guillaume, plus connu que Florestan dans le monde politique. Florestan Pepe était de cette trempe de militaires-citoyens, aussi distingués par leurs lumières et leur libéralisme que par leur bravoure; il avait conservé les plus doux souvenirs de ses rapports avec l'armée française, et, par suite, il était devenu pour moi le plus affectueux des mentors en politique comme en toute chose; car Florestan Pepe était une source de sagesse, de jugement et de haute philosophie, trois qualités qu'un Napolitain, quand il les possède, ne possède pas à demi. Sa correspondance, que je conserve comme une relique[1], me rappelle toujours ce que je dois à ses leçons et à son expérience; elle me rappelle aussi son héroïque ami, le général Rocca Romana, qui avait été aide de camp de Murat et avait laissé un doigt dans les glaces de Russie, Rocca Romana était aussi enthousiaste des Français que son ami Pepe, et confondait comme lui les destinées de la France avec celles de l'Italie.

Je quittai Paris, avec ma femme et ma fille, peu de jours après le 2 décembre, pour aller nous embarquer à Marseille, sur le paquebot corse qui touche à Bastia avant d'arriver à Livourne. Ce fut encore pour moi l'occasion de revoir un ancien et excellent ami de jeunesse, et un pays dont j'avais conservé le plus charmant souvenir. Quand on a goûté de l'hospitalité et de l'intimité d'un Corse, on ne l'oublie jamais; c'est que le Corse lui-même n'oublie jamais : on peut dire de lui ce que Lamartine dit des

1. Voici la fin de la dernière lettre que je reçus de cet excellent homme : « Je souhaite bien ardemment de vous revoir ici pour causer avec vous de votre généreuse patrie, et de toutes les affaires qui vous intéressent particulièrement, et auxquelles je prends une part bien vive... »

Turcs : *On retrouve un souvenir dans leur mémoire, et une amitié dans leur cœur, aussi frais après trente ans que le lendemain du jour où on les a quittés.*

La vue de ce joli petit port de Bastia, dominé par une colline en amphithéâtre, criblée d'habitations dorées dès le matin par le soleil levant, me rappela mille agréables souvenirs de vingt ans et la gracieuse hospitalité de plusieurs familles dont l'une s'est alliée depuis à un éminent juriste, arrivé en 1852 au sommet des pouvoirs parlementaires.

Le navire sur lequel nous nous trouvions venait de transporter à Livourne le prince Antoine Bonaparte, le plus jeune des quatre fils de Lucien; et, sans une indisposition qui retarda notre départ de quelques jours, nous eussions eu l'heureuse et singulière chance de faire le trajet de Marseille à Livourne avec un fils de l'illustre femme chez qui nous nous rendions; nous éprouvâmes d'autant plus de regret de ce contretemps que l'éloge de la douceur et de la simplicité de ce dernier fils de Lucien était sur toutes les lèvres de l'équipage; le capitaine nous apprit à ce sujet qu'un passager ayant eu l'indiscrétion de demander au noble voyageur s'il était Français ou Italien, le prince répondit qu'il était Italien de mœurs et Français de cœur, réponse fine, spirituelle et exacte tout à la fois. Depuis cette époque, nous avons été assez heureux pour rencontrer ce fils de Lucien, à Auteuil, chez son frère, le prince Pierre, et ses manières à la fois simples, affables et modestes, ont parfaitement justifié tous les éloges qu'en avait fait l'équipage du paquebot corse.

Nous ne restâmes que quelques heures à Bastia, juste le temps de serrer la main à nos amis, et nous continuâmes notre route sur Livourne.

Le premier objet qui frappa nos regards en arrivant dans ce port, fut encore, comme vingt ans plus tôt, ce fade uniforme autrichien, vraie livrée du sabre et de la tyrannie dont j'avais espéré un moment que la révolution de Février purgerait l'Italie, bien qu'en remontant des effets aux causes il soit juste de reconnaître aujourd'hui que 48 n'a pas été tout à fait étranger à l'affranchissement des Italiens, puisque leur libérateur est sorti des entrailles mêmes de cette mémorable et inoffensive révolution [1].

Livourne est la moins italienne de toutes les villes de la Péninsule ; une odeur cosmpolite de coton et de denrées coloniales s'exhale de tous ses pores ; on y voit plus de Suisses, de Grecs et d'Anglais que d'Italiens. Heureusement, la véritable cité italienne est là, tout près, si près, à l'aide du chemin de fer, qu'à peine a-t-on perdu de vue les collines de Livourne que déjà celles de Florence se dressent devant vous.

1. « En 1848, le clergé fut populaire, les prêtres honorés, et la colère du peuple respecta ce qu'elle avait attaqué dix-huit ans plus tôt. » (Discours de M. de la Guéronnière, à la séance du Sénat, 18 mars 1864.) « La République de Février croyait en Dieu. » (LAMARTINE, *Mémoires politiques*.)— « La République s'était bien conduite. » (Discours de M. Thiers, séance du 6 mai au Corps législatif.)

Tout le monde connaît Florence; mais, ce que tout le monde ne connaît pas à Florence, c'est un chef-d'œuvre de Benvenuto Cellini, dont le conservateur du palais Pitti, grâce à une courtoise recommandation de Bastia eut l'obligeance de nous ouvrir le sanctuaire. Il faudrait, non-seulement être artiste, mais encore avoir le feu sacré de l'art de Benvenuto pour décrire dignement une si prodigieuse création. Tout ce que j'en puis dire de plus exact et de plus saisissant, c'est que les principaux épisodes de l'histoire des Médicis sont retracés au burin sur une large coupe de vermeil avec une telle exiguïté qu'il est impossible à l'œil de les distinguer sans le secours d'une loupe.

Quant aux mille autres chefs-d'œuvre que renferme Florence, il serait superflu et hors de propos d'en donner ici une nouvelle et insuffisante description. Les galeries, les écoles de peinture et de sculpture, l'église de Sainte-Croix, la fameuse Vénus, la salle de Niobé, le cabinet de cire, le Dôme, le palais Pitti, Boboli, les cascines, toutes ces merveilles sont connues de ceux même qui ne les ont pas visitées. Cette riante et artistique cité est bien digne assurément du rôle provisoire ou définitif que viennent de lui assigner les vicissitudes de la question italienne.

Nous ne voulûmes pas quitter Florence sans consacrer une soirée au fameux théâtre de la Pergola, où nous savourâmes la belle partition de *Lucrezia Bor-*

gia en vrais dilettanti ; c'était une toute jeune fille de dix-sept à dix-huit ans, aux formes délicates et adolescentes qui s'était chargée du rôle exécrable du Lucrezia.—Virtuose pur sang et artiste consommée avant terme, cette charmante personne avait révolutionné ce bon peuple de Florence dont l'enthousiasme s'était élevé au diapason de la folie. Nièce d'un cardinal, dont elle porte le nom, la jeune diva s'était vouée à la carrière dramatique malgré l'opposition de toute sa famille, et, en la voyant sur la scène, on comprenait facilement qu'il ne lui avait pas été possible de résister à la vocation du théâtre. Quelques années plus tard, cette inimitable artiste vint briguer les applaudissements du public parisien ; je crus qu'elle aurait à Paris le même succès qu'à Florence ; mais, hélas ! il n'en fut rien... Dispensons-nous, par gratitude pour le plaisir qu'elle nous fit à Florence, de rechercher si ce fut l'actrice ou le public qui eut tort à Paris.

Pressés d'arriver à Sinigaglia où nous attendait depuis longtemps la femme illustre qui nous y attirait, nous ne fîmes qu'un court séjour dans la capitale de la Toscane.

Nous partîmes par un voiturin qui nous conduisit d'abord à Forli, à travers les Apennins, au milieu d'une localité si déserte qu'à peine y trouve-t-on une auberge pour passer la nuit ; et pourtant nous etions là en pleine Italie, entre les deux mers, à portée de la Toscane et de la haute Romagne, mais aussi au cœur de ces tortueux Apennins, repaires obligés des héros de Ducray-Duminil.

Au moment où nous traversâmes cette périlleuse contrée, il n'était question que du fameux Passeroni, chef d'une bande de brigands qui infestaient le pays et dont la police, jointe aux Autrichiens chargés de leur donner la chasse, n'avait jamais pu venir à bout. Nous n'apprîmes les exploits et la présence de Passeroni dans ces sombres parages qu'après être montés en voiture; sans cela, nous n'aurions certainement pas pris la route des montagnes, quoique je n'eusse pas été fâché, pour ma part, de voir d'aussi près que possible, pas trop près, cependant, les honnêtes gens qui la fréquentaient, avantage que ma bonne étoile m'a toujours refusé pendant mes longues pérégrinations péninsulaires. Ce qui rendait particulièrement Passeroni digne de mon intérêt, c'est qu'il avait sur la conscience la mort de deux ou trois douzaines d'Autrichiens, et une foule d'expéditions héroïques telles que la suivante dont nous faillîmes être les témoins, puisqu'elle eut lieu dans le mois même de notre arrivée à Forli, la première ville que l'on rencontre en sortant des gorges de l'Apennin.

C'était un jour où toute la population de Forli assistait au spectacle pour entendre une nouvelle prima donna; en Italie, l'apparition d'une nouvelle prima donna est toujours un événement; au moment où la cantatrice se disposait à sortir de la coulisse pour attaquer sa cavatine, elle fut retenue par un bras vigoureux qui l'obligea de suspendre son entrée. C'était Passeroni!... L'héroïque brigand, sabre au côté, poignard au flanc et carabine à la main, s'avança chapeau bas, sur le devant de la scène, et, saluant le public comme eût fait un honnête ténor, il le prie en fort bons termes de vouloir bien mettre porte-monnaies et bijoux à la disposition de sa bande; ajoutant que toute résistance serait inutile, vu que les abords du théâtre étaient soigneusement gardés par ses camarades. Le public ne se le fit pas dire deux fois, et en moins de cinq minutes toutes les poches furent vidées, et toutes les pièces de monnaie roulèrent avec les bijoux sur les planches du théâtre. Puis, deux subordonnés de cet habile industriel accoururent à son appel pour ramasser l'abondante récolte qui couvrait le plancher, absolument comme cela se pratique pour les couronnes et les sonnets que l'on jette aux virtuoses; après quoi la cantatrice vint reprendre tranquillement sa cavatine. Tel est le récit qui nous fut fait à Forli même, de cette énergique expédition, et, à part, peut-être, quelques superfluités d'ornementation, nous ne croyons pas avoir été dupe d'un conte fait à plaisir. Ces choses-là seraient incroyables, si on oubliait que l'Italie est le berceau de la civilisation, et qu'elle s'y montre dans toutes les classes de la société, depuis l'honnête homme jusqu'au bandit. Je parle sérieusement: donner au vol la physionomie d'une quête, et dépouiller les gens à leur barbe avec le ton de la plus exquise politesse n'est certainement pas le fait d'un malfaiteur vulgaire.

A quelques lieues de Forli, nous rencontrâmes Pesaro, patrie du maître des maîtres dont nous allâmes visiter la maison paternelle, malgré le froid et la neige qui tombait à flocons; nous éprouvâmes en face de cette maisonnette illustrée un sentiment de profonde et respectueuse admiration.

L'un des beaux génies de ce siècle avait grandi et respiré longtemps à cette place, en attendant le glorieux enfantement d'*Otello*, de *la Gazza* et du *Barbier*.

Nous poursuivions notre route, l'imagination pleine de la pensée de Rossini, quand le voiturin nous montra du doigt le casin de la Marine, sans se douter que c'était là qu'était attendue la petite famille qu'il conduisait. Nous ressentîmes tous les trois, dans ce moment, une indicible émotion. Cette habitation solitaire renfermait la femme illustre qui allait devenir notre culte et notre foi, en même temps qu'elle allait graver à jamais dans nos cœurs le souvenir de ses bontés. Comme nous tenions beaucoup à éviter toute espèce de surprise à l'hospitalière princesse, nous fîmes signe au voiturin de passer outre. Peu d'instants après, nous étions à Sinigaglia.

IV

Cette ville, située au bord de l'Adriatique, n'a d'autre importance que celle que lui donne, à juste titre, la célèbre foire qui s'y tient en juillet, et qui n'a pas moins de renommée en Italie que celle de Beaucaire en France ; on peut dire que ces deux villes ont entre elles plus d'un rapport et plus d'une ressemblance : — d'abord, les deux foires s'ouvrent et se ferment dans le même mois; — Sinigaglia et Beaucaire sont exactement sous la même latitude, entre le 44e et le 43e degré, au commencement, à peu près, de la zone des oliviers.

Leur physionomie et leur population sont identiques : même tristesse pendant l'année, même animation pendant la foire, et, ce qui est plus remarquable encore, même affluence de comtes et de marquis, affectant tous un petit air de supériorité sur les industriels, auxquels ils louent leurs masures au poids de l'or. Mais surtout, extrême nonchalance dans toutes les classes, ce qui s'explique très-bien par l'énorme profit qu'elles font pendant les jours de foire, circonstance qui rend les habitants de ces deux villes paresseux et oisifs, pendant tout le reste de l'année.— Il ne manquait, pour compléter la ressemblance des deux sœurs, que la décadence de ces deux grands marchés européens, dont l'existence ne pouvait plus avoir sa raison d'être, après l'établissement des voies ferrées; et, pour ce qui concerne Beaucaire en particulier, cette décadence est telle, que les propriétaires, aujourd'hui, ne retirent pas la cinquième partie du prix de location de 1840.

C'est dans cette petite ville, triste et déserte pendant onze mois de l'année, que la princesse de Canino, la veuve de Lucien, la tante d'un empereur, et la mère de tant de Bonaparte, a passé une grande partie de sa vie....; il est vrai qu'elle ne l'habitait plus depuis quelques années, et que toutes ses préférences étaient pour la paisible retraite qu'elle avait choisie sur le bord de la mer, à peu de distance de la ville, et dont nous aurons bientôt occasion de parler plus longuement.

N'ayant pas l'intention de nous rendre au casin de la Marine, sans avoir fait prévenir la princesse, nous nous fîmes conduire droit à l'hôtel.

A peine descendu de voiture, je m'empressai d'écrire à l'illustre veuve le billet suivant :

« Madame la princesse de Canino.

« Madame,

« Je ne vois pas trop ce qui pourrait, à présent, retarder mon arrivée au casin de la Marine..., car, si ce n'est point un songe, je me crois bel et bièn, dans ce moment, à Sinigaglia, en chair et en os.

« Je serais déjà chez vous, madame la princesse, si je ne jugeais pas convenable de me faire précéder par ce mot d'avis, pour le cas fort possible où, malgré vos affectueuses propositions, il ne vous conviendrait pas de vous embarrasser immédiatement de ma personne.

« Daignez agréer, etc. »

Une heure après l'envoi de ce billet, la voiture de la princesse était à notre porte avec la réponse suivante :

« Que bienvenu soit le cher voyageur ! Il me semble que je vais avoir le bonheur de revoir un ancien et véritable ami, et que c'est un des doux moments que j'aie éprouvés depuis longtemps. Au revoir donc, et le plus tôt possible.

« Alexandrine BONAPARTE. »

Après la lecture de cette lettre, je montai seul dans la voiture de la princesse, ne voulant pas lui présenter mes compagnes de voyage, avant de l'avoir prévenue moi-même, que j'étais accompagné de ma famille.

A peine en présence l'un de l'autre, nous nous sautâmes au cou comme deux anciennes connaissances. La princesse, dont les yeux laissèrent échapper une larme, parut comprendre tout ce que renfermait de tendre et de sympathique intérêt la visite de ce parent venu comme de l'autre monde, pour mettre son dévouement aux pieds de la veuve de Lucien ; car, à part le prestige d'une aussi flatteuse parenté, aucune pensée ambitieuse n'entra dans la détermination que nous prîmes de nous rendre auprès de cette noble femme : nul intérêt personnel, nul mobile secret ; un dévouement spontané pour une belle âme, qui devine, sans le connaître, que cet étranger, que le destin lui envoyait sous l'enveloppe d'un parent, était capable de dévouement, tel fut l'unique motif de notre voyage à Sinigaglia [1].

La princesse, de son côté, malgré sa haute raison et son éloignement marqué pour les entraînements irréfléchis, avait trouvé du surnaturel dans la tardive et soudaine manifestation d'une parenté qui, à ses yeux, était le résultat d'un agenouillement respectueux sur le marbre où avaient prié ses parents.

1. Ce qui me décida surtout à ne plus différer ce voyage, ce fut le passage suivant d'une lettre que je n'ai jamais pu lire sans émotion :

« ....Il faut pourtant bien vous dire une chose que je n'ai pas osé vous dire jusqu'ici; l'amitié doit-elle craindre d'avouer ce qu'il est de la prudence d'envisager et d'apprécier! Ainsi donc, sans rien présumer du plus ou du moins de prospérité de vos affaires d'intérêt, il m'est impossible naturellement de souffrir que vous me fassiez le sacrifice de rien dépenser pour ce long voyage, et comme, sans avoir besoin de personne, je ne suis pas riche, toute dépense extraordinaire dont je ne connais pas précisément les limites me donne toujours un peu à penser. Aussi, si vous étiez assez mon ami pour me dire à peu près ce que je vous devrai matériellement pour ce voyage, et si je dis matériellement, c'est que je sais bien que les sentiments qui vous inspirent ne trouvent de récompense que dans leur propre nature; en ce cas de franchise de votre part, je vous dirai aussi avec la même franchise : Je puis ou ne peux pas faire ce sacrifice, et certes, ce sera un grand regret, car je vous assure que j'ai le plus grand désir de connaître personnellement le bon parent qu'un hasard providentiel vient de me réveler. »

Je me hâtai de répondre à ma vénérable parente que devant me rendre un jour ou l'autre à Naples, pour y régler quelques affaires de famille, une course à Sinigaglia ne pouvait m'imposer aucun sacrifice sensible, et que si elle daignait me faire l'honneur de tenir réellement à ma visite, elle devait me promettre de ne pas revenir sur le même sujet.

« Il y a là du merveilleux, répétait-elle à chaque instant ; je pouvais fort bien passer à Vienne sans m'y arrêter, et j'ai failli le faire ; je pouvais également ne pas entrer dans cette sombre et imposante cathédrale de Saint-Maurice, où une pensée divine m'a plongée dans une douce méditation, en me rappelant des parents oubliés; je les ai invoqués avec ferveur, ces vénérables parents, et le résultat de ma prière, c'est vous et votre famille. »

Si des motifs d'ambition ou d'intérêt personnel m'eussent guidé, mes relations avec cette admirable femme n'eussent pas été longues : elle avait trop de pénétration pour s'y tromper, sans compter qu'il n'est déjà pas si facile d'être allié à une pareille famille, quand on n'a pas derrière soi une position hors ligne. Aussi avons-nous comprimé autant que possible les apparences de cette flatteuse parenté qui, tout en nous donnant un certain relief, mettait par cela même en évidence la médiocrité relative de notre position. Plusieurs de nos amis ont ignoré longtemps nos relations avec cette glorieuse famille ; beaucoup d'autres les ignorent encore, ou feignent de les ignorer; mais nous avons fini par comprendre qu'il y avait plus que de la modestie à tenir secrète une circonstance dont tout autre à notre place n'eût pas manqué de faire étalage. Aussi, depuis la mort de mon illustre parente, me suis-je mis parfaitement à mon aise à cet endroit, et je n'ai point eu sujet de m'en repentir, car j'en ai ressenti un plus grand respect de moi-même et une sollicitude plus constante pour ma propre dignité. J'en retirai encore un autre avantage, c'était de mieux apprécier mes vrais amis : ceux-là, d'ordinaire, me mettaient volontiers sur le chapitre de mes relations avec la famille Bonaparte, c'étaient les bons ; les autres ne m'en parlaient jamais... ; ce thermomètre m'a rarement trompé, il m'a même guidé dans bien des cas où ma pénétration eût pu se trouver en défaut.

J'ai eu de plus la satisfaction de retrouver dans les enfants de l'illustre veuve, et particulièrement dans le généreux prince, qui a daigné agréer l'hommage de ces souvenirs, toute la bienveillance dont leur vénérable mère m'avait honoré, et je ne puis attribuer à d'autre motif qu'au culte respectueux de ce prince pour la mémoire de sa mère, le tendre et constant intérêt qu'il n'a jamais cessé de me témoigner.

Quant à ma position en elle-même, grâce à la douce et paisible retraite que j'étais parvenu à me créer à la campagne, et à laquelle je consacre la dernière page de ce livre, elle ne contrastait pas d'une manière trop sensible avec les exigences extérieures de ma nouvelle relation. Vivre simplement chez soi de la vie de famille, avec indépendance et liberté, à l'abri des dures nécessités de la ville et de son luxe désordonné, n'est déjà pas une situation si commune à cette époque d'enflure et d'instabilité universelles, où tous les sentiments d'honneur et de probité sont subordonnés au besoin de dépasser son prochain en ostentation.

Au reste, s'il eût été dans ma nature de regretter la ville et ses entraînements, le noble exemple que j'avais devant moi eût suffi pour dissiper tous mes regrets. La veuve de Lucien appréciait beaucoup la salutaire influence de la campagne sur le corps et sur l'esprit, elle l'avait longtemps connue et éprouvée dans ses propriétés de Canino, et je suis bien sûr que la satisfaction que lui causa la pensée que sa seconde famille était éloignée de la capitale ne fut pas étrangère à l'affectueuse confiance dont elle daignait nous honorer.

Il est évident que ma position à la ville n'eût pas été aussi exempte d'inconvénients de toute espèce que celle où je me trouvais à la campagne, où j'ai déjà passé trente années de ma vie; ce qu'il y a de sûr, c'est que le milieu dans lequel j'aurais été appelé à me mouvoir à la ville ne m'eût pas permis de rester longtemps dans les limites de mon budget, sans recourir aux affaires dont je voulais, avant tout, me tenir éloigné. Ce n'est jamais impunément qu'on se frotte à l'illustration ou à l'opulence, quand on n'est doté ni de l'une ni de l'autre; on peut toujours accepter des marques de bienveillance de plus huppé que soi sans forfaire à sa dignité, mais on y manque aussitôt qu'on s'écarte d'une sage et prudente réserve. Le moins alors qui puisse nous arriver, c'est de finir par la sottise ou par le ridicule. La retraite et l'indépendance sont d'excellents remèdes à ces inconvénients, et combien de familles malheureuses et déclassées cesseraient de l'être, si elles pouvaient ou savaient s'en faire l'application.

Après la première effusion d'une sympathie réciproque, cimentée par trois ans de correspondance assidue, la princesse demanda à ses gens s'ils avaient déposé mes effets dans l'appartement qui m'était destiné ; on lui répondit que j'avais désiré qu'ils restassent à Sinigaglia, jusqu'à nouvel ordre. « Ah ! par exemple s'écria-t-elle avec vivacité, je ne souffrirai pas cela... faire cinq cents lieues pour moi, et aller à l'hôtel !... »

Je vis bien qu'il fallait donner de suite à ma bienveillante hôtesse l'explication de ma conduite. « Il n'y a qu'une petite difficulté, lui dis-je, c'est que le voyageur est le représentant d'une trinité inséparable, et que, ne voulant pas commencer par troubler la douce quiétude du casin de la Marine, il prie sa généreuse propriétaire de permettre aux membres de cette trinité de s'installer à l'hôtel avec l'autorisation de venir présenter leurs hommages au casin tous les jours. »

« Je me doutais bien, fit aussitôt la princesse en souriant, et sans s'arrêter à ma demande, que le cher voyageur ne se serait pas embarqué sans l'escorte de sa famille. » Là-dessus elle me pria de rester à l'hôtel jusqu'au lendemain, afin de lui laisser le temps de mettre en ordre l'appartement de la *trinité*. Je compris qu'il n'y avait pas moyen d'opposer la moindre résistance, et j'acceptai l'offre de cette excellente femme en prenant congé jusqu'au jour suivant, puis, je remontai en voiture pour aller retrouver ma famille à Sinigaglia.

La nouvelle de l'arrivée de trois étrangers chez la *Luciana* [1] s'était déjà répandue dans toute la ville; elle avait donné lieu à une foule de conjectures se rattachant à la politique; et comme les esprits étaient encore sous l'influence des événements du 2 décembre, on trouva tout naturel de supposer que j'étais chargé par le président de la République de communiquer à l'illustre veuve les intentions personnelles de son neveu. Quelques-uns, mieux avisés, sans être pour cela dans la vérité, nous donnaient carrément la qualification d'exilés du coup d'État; et j'appris le lendemain, par la princesse, qui riait beaucoup de toutes ces méprises, que plusieurs notablesde la ville s'étaient déjà présentés chez elle afin de lui tirer les vers du nez sur notre mystérieuse personnalité.

Tout ce bruit ne pouvait se faire sans communiquer de proche en proche à la société de Sinigaglia le désir de nous voir. Nous lui donnâmes cette petite satisfaction en assistant le soir même de notre arrivée à la représentation extraordinaire d'un opéra de Verdi.

1. C'est ainsi qu'on appelait la princesse du dérivé de Luciano, Lucien, en Italie, pays de la familiarité, on dit *la* une telle. Chez nous, cette dénomination serait prise en mauvaise part; chez les Italiens, c'est presque un titre de noblesse, c'est toujours un titre d'affection ou de célébrité.

A peine fûmes-nous entrés dans la loge que nous avait procurée le maître de l'hôtel où nous étions descendus, que toutes les jumelles de la salle se braquèrent sur nous, au grand étonnement des acteurs qui cherchaient vainement à se rendre compte de la préoccupation du public. Une loge surtout, qui se trouvait juste en face de la nôtre, ne cessa pas de nous tenir en arrêt jusqu'à la fin du spectacle. J'ai su plus tard, par la princesse elle-même, qui n'allait plus au théâtre, qu'elle avait voulu voir par les yeux de ses amis la contenance et la physionomie des deux personnes qui m'accompagnaient, ajoutant qu'elle avait été fort satisfaite du rapport qu'on lui avait fait. Il paraît que la vive attention dont nous étions l'objet avait un peu réagi sur nous et donné à notre attitude ce petit air de personnage dont les éclaireurs de la princesse voulurent bien nous gratifier.

Le lendemain de ce risible incident, l'illustre veuve nous envoya chercher à l'hôtel avec sa voiture, et, après avoir eu l'honneur de lui présenter ma femme et ma fille, qu'elle embrassa aussi comme d'anciennes connaissances, nous prîmes possession de l'appartement qu'elle avait bien voulu disposer pour nous à son casin de la Marine.

Cette paisible résidence située au bord de l'Adriatique, à quelques kilomètres de Sinigaglia, accusait par sa simplicité et surtout par son isolement, la philosophique résignation d'une haute infortune. L'extérieur du bâtiment n'offrait rien de remarquable, mais l'intérieur ne manquait pas d'un certain cachet artistique et princier, rappelant sans peine à l'imagination la grande illustration qui avait présidé à ses agencements. L'escalier seul, un peu étroit et très-élevé, n'était pas en harmonie avec le reste de l'habitation; il est vrai qu'il y en avait un plus large et plus commode qui donnait sur la grande route, mais on ne s'en servait que fort rarement et dans les grandes occasions. L'autre aboutissait à un petit parterre de fleurs, séparé par un mur d'un assez vaste enclos.

La maison avait sa face sur la mer; l'appartement particulier de la princesse était du côté opposé, à l'abri de la rumeur des vagues plus tumultueuses sur l'Adriatique que sur toute autre mer, il communiquait à trois salons assez vastes, ornés d'objets d'art de beaucoup de prix. Dans le couloir qui partageait en deux la longue enfilade de pièces qu'on était obligé de traverser pour arriver à la chambre de la princesse, se trouvait du côté du parterre une vaste et magnifique volière remplie d'oiseaux de diverses latitudes, sautillant sur les arbustes que renfermait cette joyeuse colonie, et s'abreuvant à de petits réservoirs rocailleux, comme ils l'eussent fait en pleine liberté. Une personne était spécialement chargée du soin de la colonie et, vu sa grande population, cet emploi ne laissait guère à celle qui l'exerçait le loisir de s'occuper d'autre chose.

A côté de la volière, on avait placé une chapelle

dans l'alcôve d'une vaste pièce, un prêtre de Sinigaglia y venait dire la messe tous les dimanches, ce qui dispensait la princesse de se rendre à la ville. Tous ses gens, sans exception, assistaient à l'office; puis l'alcôve se fermait et la chapelle disparaissait jusqu'au dimanche suivant.

Les chambres qui avaient été mises à notre disposition avaient toutes vue sur la mer, et nous permettaient d'assister quelquefois à un splendide lever de soleil, spectacle qui ne s'offrait jamais à nos regards sans provoquer en nous le souvenir de la Grèce, d'où semblait s'élancer cet éternel souverain.

La pièce que j'occupais, abandonnée la veille par une célèbre infortune, avait servi d'asile ou plutôt de lacrymatoire à la plus éprouvée des mères... Le souvenir du drame horrible que me rappelait le nom de ces entrailles calcinées par le chagrin ne pouvait sortir de mon esprit : chaque soir, avant de me livrer au sommeil, mon imagination me représentait les larmes et les sanglots dont tous les objets qui m'entouraient avaient été les silencieux témoins, et jamais ces sombres idées ne me quittaient sans avoir laissé dans mon cerveau l'affreuse empreinte du plus hideux instrument de la mort, ce qui m'occasionnait souvent des rêves dont les battements de mon cœur attestaient encore la pernicieuse agitation, lorsque je m'éveillais.

La mère infortunée qui me causait de si cruelles insomnies était venue passer quelque temps au casin de la Marine pour y chercher les consolations de l'amitié ; mais il y a des plaies qu'on ne peut panser sans les rouvrir, et, dans ce cas, ce que l'amitié a de mieux à faire, c'est de garder un respectueux silence en face de ces douleurs inconsolables que le temps seul a le privilége de calmer ; c'est aussi ce que fit la généreuse veuve qui avait accueilli avec tant de bonté cette mère infortunée. Comme je m'étonnais qu'elle n'eût pas succombé sous le poids de ses chagrins, la princesse me répondit que la religion seule la soutenait, et que sa foi était si entière qu'elle dédaignait toute consolation qui ne lui venait pas du ciel. Puis, elle ajouta avec gravité : « Quelle belle chose qu'une religion qui opère de pareils prodiges, et quel dommage qu'elle soit si souvent mêlée à la superstition et aux égarements de la politique ! »

Bien qu'adversaire des esprits forts, la princesse n'était point pour cela injuste envers le mouvement philosophique du XVIIIe siècle, pour lequel elle professait une véritable admiration, mitigée cependant par les lumières et le besoin de croyance de notre époque; elle n'admettait pas toujours, dans la conversation intime, des doctrines conventionnelles qui heurtaient trop carrément sa raison. Sincèrement animée de l'esprit de Dieu, dont elle disait toujours que le pouvoir règle et domine toute chose, elle se sentait à l'aise pour rejeter, dans certains cas, ce que d'autres admettaient avec trop de complaisance et de légèreté.

Un jour, elle dit devant nous à un monsignor du plus grand mérite, à propos des débats sur l'Immaculée Conception, que, vu l'extrême misère qui existait dans les États de l'Église, le dogme de la charité chrétienne, qui n'est que de précepte, serait le plus essentiel à établir. « Heureusement, répondit le prélat, d'une façon charmante, il est gravé dans le cœur de la princesse.

—Pas tant que je le désirerais, fit la noble causeuse, mais je voudrais qu'il le fût un peu plus dans celui de votre gouvernement; la porte de Votre Éminence et la mienne seraient certainement moins assaillies qu'elles ne le sont. »

V

Outre sa résidence habituelle du casin de la Marine, la princesse en possédait une autre à Sinigaglia où elle ne s'installait que très-rarement; elle avait aussi une seconde habitation de campagne qu'elle appelait la Colline et qui lui servait de refuge pendant les jours caniculaires. Rien n'était plus rafraîchissant, en effet, que le vaste horizon maritime qui se déployait devant le sommet de cette riante colline où se trouvait comme perchée la blanche retraite de la princesse, de telle façon qu'on dominait du regard une immense étendue de mer sans mettre le pied sur la terrasse.

C'est dans cette paisible habitation que, trois ans

plus tard, l'illustre veuve devait rendre le dernier soupir, foudroyée par le plus impitoyable des fléaux.

Je me souviens ici, qu'un jour, en nous rendant avec la princesse à cette charmante retraite, nous fûmes témoins de l'affectueuse réception que fit à la noble voyageuse la famille à qui elle avait confié le soin de cette petite propriété.

En voyant arriver de loin la voiture qui nous y amenait, ces braves gens se précipitèrent au-devant de nous, la joie et le contentement dans le cœur. Le père, jeune encore, s'approcha de la princesse, et lui demanda ses ordres d'un ton qui décelait plutôt l'homme de distinction qu'un mercenaire de campagne. Plein de respect et de dévouement pour sa noble maîtresse, ce fidèle serviteur avait compris de suite qu'il s'agissait d'héberger les personnes qui avaient l'honneur d'accompagner la princesse. Aussitôt, et sans avoir reçu d'autre ordre qu'un léger signe de sa maîtresse, il se hâta de remonter la colline pour présider aux préparatifs de notre collation. Au même instant, sa femme s'approcha de la voiture et baisa respectueusement la main de la princesse. Puis vint le tour d'une magnifique jeune fille, dont le regard, la taille et la beauté nous inondèrent tous d'un rayonnement divin. Elle était là, naïve et silencieuse comme une vierge en extase, sans se douter de l'admiration dont elle était l'objet. Comme nous étions tous les trois étonnés de cette sublime immobilité qui semblait réclamer quelque chose, la princesse nous dit avec un délicieux sourire de bonté, en lui tendant sa jolie main : *Voilà ce qu'elle attend.*

Aussitôt la jeune fille la couvrit de baisers; ensuite elle se retira délicatement en arrière, comme on l'eût fait au théâtre ou devant un roi. Enfin, sur ces deux mots de la princesse : « Mes enfants, nous mourons de faim! » la femme et la fille prirent leur course à toutes jambes pour nous préparer à déjeuner, pendant que les chevaux gravissaient péniblement la rude montée du casin.

Lorsque nous y arrivâmes, tout était prêt, et nous nous mîmes à table en face d'une admirable nappe liquide que nous dominions de toute la hauteur de la colline. Nous ne restâmes dans cette charmante et paisible retraite que le temps de consommer un excellent pâté dont la noble voyageuse, qui était femme de précaution, avait eu soin de se munir, et nous remontâmes en voiture pour reprendre le chemin de Sinigaglia.

Je me rappelle encore, qu'à quelques pas des portes de la ville, nous rencontrâmes sur la route un monsieur de fort bonne mine, qui nous salua très-gracieusement, et qui n'était ni plus ni moins que le frère de Pie IX, dont la famille réside à Sinigaglia; ce personnage professait alors les principes les plus libéraux, chose très-naturelle chez le frère du premier promoteur du mouvement européen dont nous ne faisons qu'entrevoir aujourd'hui la puissance et la portée; et, à ce sujet, la princesse nous dit un jour, en parlant du chef de l'Église : « C'est pourtant lui qui a commencé! » Réflexion que lui suggéraient alors les représailles réactionnaires de 1850, qui plus tard donnèrent lieu à une circonstance trop dramatique et trop personnelle à l'illustre veuve pour n'en pas faire mention dans ces souvenirs.

Un jour, pendant que nous étions à prendre le thé avec notre hôtesse, on vint lui annoncer que la sœur d'un jeune homme de Sinigaglia, compromis dans les troubles de 1849, demandait à lui être présentée. Ce jeune homme, nommé Simoncelli, appartenait à une honnête famille du pays et s'était vu porter presque de force à la tête d'une manifestation politique dont les éléments, ainsi que cela arrive trop souvent sous les climats méridionaux, étaient bien moins le résultat de l'esprit de parti que celui des haines et des animosités particulières.

Naturellement faible et sans méfiance, Simoncelli ne sut ou ne put s'opposer aux excès dont il fut témoin; et, quand arrivèrent les jours de réaction, il fut compris parmi les mauvais sujets qui étaient accusés de s'être livrés à de cruelles vengeances, accusation sans fondement pour ce qui le concernait; car Simoncelli, autant par la nature de son caractère que par ses honorables antécédents, ne pouvait donner prise à une accusation de meurtre, et s'il fut enveloppé dans la proscription, ce fut uniquement pour imprimer au parti de la révolution une terreur que le gouvernement romain espérait rendre plus efficace en sacrifiant un homme moins obscur que ses compagnons de révolte.

Le cardinal Antonelli, dont on connaît la toute-puissance dans le gouvernement pontifical, venait de déférer les prévenus au tribunal de la Consulte, et c'est au moment où l'on attendait de jour en jour l'arrêt qu'il allait prononcer, que la sœur de Simoncelli vint tout éplorée solliciter l'intervention de la princesse, pensant, comme tous les habitants de Sinigaglia, que l'illustre veuve pourrait exercer par l'autorité de son nom une heureuse influence sur l'esprit du cardinal.

La princesse, en apprenant le motif qui amenait chez elle cette sœur infortunée, la fit introduire immédiatement, car elle n'hésitait jamais quand il s'agissait de faire servir son nom au soulagement du malheur. A peine la jeune fille eut-elle fait un pas dans la pièce où nous étions tous rassemblés, qu'elle se précipita aux pieds de la noble femme dont elle venait implorer la protection, la suppliant d'une voix étouffée par les sanglots de daigner s'intéresser à son frère. La princesse releva elle-même la malheureuse fille avec cette noble et douce dignité dont la nature l'avait si heureusement douée; ensuite elle lui fit apporter quelques cordiaux pour lui donner un peu d'assurance; puis, lorsqu'elle la crut en état de l'écouter, elle tâcha de lui faire comprendre en termes pleins de douceur et de simplicité que son crédit était bien peu de chose, et qu'elle ne pouvait, dans une si cruelle circonstance, que joindre ses prières et ses vœux à ceux de toute la population de Sinigaglia : « Mais comme, pour rien au monde, ajouta-t-elle, je ne voudrais qu'on pût me supposer indifférente à la douleur d'une intéressante et malheureuse famille, je vais écrire au cardinal Antonelli par l'intermédiaire du général Gémeau, et le supplier de réclamer la clémence de Pie IX en faveur de votre frère. »

La généreuse veuve n'avait pas eu le temps d'achever de prononcer ces derniers mots qu'un éclair d'espérance illumina tout à coup le front de la pauvre fille; les sanglots s'arrêtèrent comme par enchantement, et sa bouche couvrit aussitôt de baisers les mains de sa protectrice. Pantomime sublime qu'on ne voit qu'en Italie, et qui nous rappela l'admirable scène de la *Pie voleuse,* où Ninette, au moment de lire le signalement de son père, s'écrie avec transport : *Il ciel m'ispira !!!*

La sœur de Simoncelli s'était fait accompagner par un ami de sa famille, homme de cœur et de loi tout à la fois : ce généreux interprète d'une famille au désespoir, après avoir mis sous les yeux de la princesse quelques pièces relatives à l'instruction dont Simoncelli avait été l'objet, la remercia dans un langage plein de dignité, respirant le feu de la plus vive éloquence, et nous laissant tout surpris de trouver tant de verve et de talent enfouis dans une petite ville de la Romagne.

Aussitôt que la sœur de Simoncelli se fut retirée, la princesse nous quitta pour aller écrire au cardinal ainsi qu'au général Gémeau. Elle ne reparut plus qu'à l'heure du dîner, avec le brouillon de ses deux lettres à la main : « Vous ne vous figurez pas, mes bons amis, nous dit-elle, en s'essuyant le visage, le mal que m'ont donné ces deux lettres, j'en ai la fièvre ; et, s'adressant à moi : tenez, fit-elle, lisez tout haut ce que je viens d'écrire, et que chacun reprenne franchement ce qu'il croira devoir reprendre ; il s'agit de sauver ce jeune homme dont un mot peut-être de trop ou de moins dans ces lettres peut compromettre la cause et la vie. » Mais, loin d'avoir la moindre objection à faire sur l'une ou l'autre de ces deux missives, nous restâmes en admiration devant l'éloquence et la vigueur d'expression qui les caractérisaient, surtout la lettre au cardinal. Voyant alors que nos objections n'étaient que des éloges, la princesse nous interrompit, en nous prévenant qu'elle n'avait pas fini et qu'elle comptait bien modifier et même supprimer beaucoup de choses. En effet, elle n'eut rien de plus pressé en se levant de table, que de rentrer dans son cabinet d'où elle ne sortit plus qu'après deux nouvelles heures de travail et de réflexion. On comprend que ce n'était point une lettre insignifiante et vulgaire qu'il fallait offrir aux regards du ministre irrité dont on implorait la commisération en faveur d'un proscrit...

On ne doit donc pas être surpris de la difficulté

qu'eut à surmonter cette généreuse femme pour rappeler au prêtre inflexible les devoirs de la clémence sans blesser la susceptibilité ombrageuse du cardinal, et sans compromettre moralement l'illustre auteur de la missive; car, il ne faut pas oublier que c'était la tante du président de la République française qui écrivait au premier représentant du gouvernement romain.

Cette lettre, ainsi que celle destinée au général Gémeau, était un chef-d'œuvre de philosophique éloquence; c'était à la fois l'homme d'État, le moraliste, le philosophe, la femme aussi, aux prises avec la justice des hommes et la passion politique; et l'une des plus douces satisfactions que nous ayons jamais éprouvées, c'est d'avoir eu l'honneur de servir d'intermédiaire à ces sublimes requêtes.

Je n'ai pas besoin de dire qu'en arrivant à Rome, je courus chez le général Gémeau que, fort heureusement, je trouvai chez lui. Après l'avoir mis en quelques mots au courant de l'affaire, je lui présentai la lettre de la princesse, ainsi que celle qu'elle priait le général de remettre lui-même au cardinal.

Aussitôt qu'il eut pris lecture de l'une et de l'autre, le général Gémeau, avec un empressement que je me plais à rappeler ici, se rendit chez le cardinal en me promettant de faire part à la princesse de la réponse du prélat.

La bonne volonté de ce noble officier jointe, à la haute inetrvention de l'illustre veuve, étaient à mes yeux deux circonstances de bon augure. Toutefois, la princesse ne partageait pas entièrement mes espérances : elle connaissait trop la force des rancunes politico-sacerdotales pour se leurrer facilement d'un espoir auquel sa longue expérience de la cour pontificale ne lui permettait pas de se livrer sans réserve. Voici ce qu'elle m'écrivait à ce sujet, à Naples, quelques jours après ma visite au général Gémeau :

« Dès que le général m'aura répondu, je vous en informerai de suite. Rien de nouveau encore pour notre protégé : cependant, des bruits assez favorables courent sur son compte ; Dieu veuille pour lui et pour nous, qui nous y intéressons, que ce soit la voix du peuple, qui passe pour celle de Dieu ! »

Un mois après, je reçus de la même main la lettre suivante[1].

« A peine avais-je fait mettre à la poste la lettre où

1. Dans l'intervalle, j'en reçus une où la princesse, se plaignant du mauvais temps qu'on éprouvait à Sinigaglia, ajoutait ce qui suit : « C'est décidé, il n'y a plus d'Italie, même climatériquement parlant, une très-grande misère, et beaucoup de maladies parmi les déshérités.

« Heureusement, tout le reste du temps se passe en superbes fêtes données tour à tour par les autorités et confréries ecclésiastiques : c'est superbe, et vous devriez bien faire un second voyage en famille, si ce n'est pour moi, au moins à titre de pèlerinage aux belles fêtes de l'Immaculée Conception, à l'occasion de laquelle on dit enfin *qu'il n'y aura plus d'Église gallicane*... » 28 mai 1855.

Il paraît, d'après ce qui se passe aujourd'hui dans le monde ultra-catholique, que notre illustre correspondante était assez bien renseignée.

je vous disais que le général Gémeau ne m'avait pas encore répondu, que je recevais sa réponse. Il venait de voir de nouveau le secrétaire d'État qui lui avait dit qu'aucune décision n'avait encore été prise au sujet de Simoncelli, et que Son Éminence se réservait de m'écrire elle-même pour me faire connaître celle que l'on prendrait, ce qui est d'un très-bon augure; car, je serais en droit de répondre à Son Eminence que si c'était pour me donner la plus funeste nouvelle, elle pouvait bien se dispenser de me la donner elle-même.

« En attendant, voilà deux mois de cela, et rien n'est encore décidé officiellement; mais tout le monde paraît persuadé que la mort ne s'ensuivra pas, au moins pour celui-là, car, les autres... Il semble au surplus, que pour eux du moins, la société ne se vengera pas sur des innocents... »

Les choses en restèrent là plus de six mois, au bout desquels je reçus de la princesse les lignes suivantes :

« Je ne vous parle de politique que pour vous dire que Simoncelli a été exécuté... et qu'il est, de l'avis de tout le monde, du nombre de ceux qui n'ont pas mérité la mort. Dans une ville grande comme un tablier, avec une population de 6,000 âmes, vingt-quatre hommes ont été fusillés, et mal fusillés... Les cris des mères, des frères, des sœurs et de tous les parents de ces malheureux, qui ont attendu plus de trois ans cette décision, ces cris de désespoir ont été si déchirants que, sans tournure poétique, les échos de l'Adriatique en ont gémi. Plusieurs de ces malheureux, déjà criblés de balles, ont eu besoin des coups de réserve... Il y aurait bien d'autres détails à donner sur ce triste sujet, mais ce serait trop long, et je me borne à vous dire qu'aucun des exécutés n'a voulu qu'on lui bandat les yeux Simoncelli s'est confessé et m'a fait dire par son confesseur, un bon capucin, qu'il me remerciait de l'intérêt que j'avais pris à lui, qu'il mourait innocent d'homicide et qu'il prierait pour moi, si Dieu le faisait entrer en sa grâce en lui pardonnant les autres fautes qu'il pouvait avoir commises.

« Tout Sinigaglia, Ancône, qui attend dans quelques jours des exécutions plus ou moins pareilles, ainsi que Pesaro, Rimini, et bien d'autres localités, ont été saisies d'horreur à la vue de tant de sang répondu ; les Autrichiens eux-mêmes en ont été malades, au moins quelques-uns. »

Nous ne voulons tirer aucune conséquence de l'horrible boucherie dont on vient de lire les détails, mais nous ne pouvons nous empêcher de faire remarquer en passant, que le pouvoir qui présida aux sanglantes exécutions de 1852 est le même qui dirige encore aujourd'hui la politique du saint-siége.

Il y a quelques années, me trouvant par hasard à côté du général Gémeau à une table du restaurant de la gare de Lyon, je profitai de l'occasion pour rappeler au souvenir du général cette déplorable circonstance où sa généreuse intervention avait échoué devant l'opiniâtre inflexibilité du gouvernement pontifical. Le général me répondit qu'il n'avait pas dépendu de lui de rendre cette affaire moins sanglante, mais que la chose était impossible, à cause des excès qui avaient été commis par les insurgés. Je me contentai de cette explication, bien qu'elle ne me parût pas concluante à l'égard de Simoncelli, à qui personne ne pouvait reprocher d'action criminelle.

VI

Le commencement de notre séjour au casin de la Marine ne fut pas favorisé par le temps; nous étions en plein hiver, ni plus ni moins qu'à Paris. La neige, les vents, la pluie, la tempête se disputaient à l'envi l'empire du jour et de la nuit; la tempête surtout, dont la rage dévastatrice éclatait sous les croisées mêmes de nos chambres, comme un spectacle qui nous aurait été destiné. Et quel spectacle, juste ciel! la foudre grondant sur nos têtes avec le plus épouvantable fracas; des lames de feu sillonnant toute la plage; la rafale se déchaînant sur les flots irrités avec l'impétueuse furie de la Bore, cette indomptable souveraine de l'Adriatique; des montagnes d'écume dressant et abaissant avec majesté leurs cimes rugissantes, comme pour narguer l'impuissance de nos regards!

Une aussi terrible tempête ne pouvait que transformer cette mer orageuse en un champ d'agonie et de mort. Mille débris flottant sous nos yeux ; des cris de détresse et de désespoir à fendre le cœur; des hommes à demi noyés se cramponnant aux cordages, disparaissant sous la vague, revenant à la surface, disparaissant encore, et ne revenant plus... tout cela à deux cents pas de nous!

Tel fut le spectacle que nous donna le bouleversement de cette mer en furie, pendant quarante-huit heures de souffrance et d'anxiété ; car, nous aussi, nous souffrions de nous voir condamnés à l'inaction en face de tant d'horreurs; comment eussions-nous pu reposer tranquillement, lorsque nous entendions les cris déchirants de tous ces malheureux luttant contre le trépas. Disons aussi que le bruit du tonnerre, des vents et des flots, et l'ébranlement de a maison ne nous eussent pas permis de fer mer l'œil, lors même que le sort de toutes ces victimes englouties sous nos yeux n'eût pas rempli notre imagination de tristesse et d'effroi !

Une semaine entière s'était écoulée depuis notre arrivée et nous ne connaissions pas encore le jardin de notre hôtesse; car, à l'apaisement de la tempête, avaient succédé des torrents de pluie. Nous étions réellement en prison, sans pouvoir mettre le pied dehors. Ni promenades en voiture, ni tours de jardin, ni courses à Sinigaglia, ni spectacles, ni visiteurs. C'était désolant...

« La princesse en était malade : *Quoi!* s'écria-t-elle enfin, dans un moment de juste impatience, car, le temps était atroce; *faut-il que je retrouve la triste influence de mon destin, jusque dans les éléments? Le ciel, en m'envoyant une seconde famille, ne semble l'avoir attirée chez moi que pour lui donner une geôlière! — Eh bien, mes bons amis,* ajouta-t-elle, de la façon la plus aimable, *résignons-nous, charmons gaiement les loisirs de la prison, et réglons nos instants comme nous le ferions si notre captivité devait être éternelle.* » Là-dessus, la princesse sonna pour qu'on servit le thé; ensuite elle soumit à notre approbation le règlement suivant jusqu'au retour du beau temps :

Le matin, chocolat ou café avant d'être sur pied ;

La toilette;

Lecture des journaux jusqu'au déjeuner;

Après ce repas, qui n'était autre chose qu'un dîner dissimulé, musique et visite à la galerie de tableaux, d'objets d'art et d'antiquité avec explication de la conservatrice [1];

1. La princesse possédait une riche collection d'objets d'art, dont plusieurs étaient des chefs-d'œuvre, et quelques autres de précieux portraits de famille, petits débris, disait-elle, d'une grande position; parmi ces portraits figuraient celui de Charles Bonaparte, mari de Lætitia, par Girodet, échu au prince Pierre; celui de Lætitia, par Gérard ; de Lucien, par Vicari; celui de la princesse ; ceux de son grand-père et de sa grand'mère ; celui de la princesse Ercolani, fille de Lucien ; le buste de la princesse Marie ; celui de la princesse, par Canova; celui de Lucien, par Dupaty; deux enfants au

A quatre heures le thé, suivi de la lecture de quelques morceaux de poésie, ou d'un chapitre des *Mémoires* de Lucien ;

Partie de cartes ou d'échecs.

A sept heures et demie, dîner... ou plutôt souper ;

Ensuite, conversation sur les nouvelles politiques du jour.

Ce programme fut rigoureusement observé jusqu'au moment où les éléments s'apaisèrent, et j'ajoute que ces jours de pluie et d'emprisonnement ne furent pas les moins agréables de tous ceux que nous passâmes dans cette hospitalière et paisible retraite. Que de curieuses et intéressantes révélations, que d'aimables confidences, que de réciproques épanchements pendant toute la durée de cette douce séquestration où l'illustre veuve ne tarissait jamais de bienveillance, d'esprit et d'entrain ; car il y avait de tout dans cette femme si merveilleusement dotée par la nature.

Jugement, science, talent, éloquence, sensibilité, énergie ; tous ces avantages étaient personnifiés dans

tombeau de leur mère ; Pythagore, marbre trouvé à Frascati ; une lorgnette de l'Empereur ; une tabatière du même, ornée de camées de prix, et beaucoup d'objets d'antiquité provenant des fouilles de Canino, et dont la précieuse nomenclature a servi de matériaux au savant ouvrage de Lucien Bonaparte, sous le titre de *Muséum étrusque*.

Nous sommes heureux de posséder un exemplaire de ce rare et intéressant recueil que nous devons à la bienveillante libéralité de la princesse.

cette nature d'élite, et, à plus de soixante-dix ans, jaillissaient de son âme, comme au temps de ses belles années; sa beauté même, qui avait jeté tant d'éclat à l'époque de son mariage avec Lucien, avait conservé jusqu'à cet âge avancé toute la majesté de ses plus beaux jours. Aucune ride ne sillonnait son front ni son visage, aucune infirmité ne révélait aux yeux le poids des ans; sa main, petite et potelée était encore sa main de vingt ans [1]; et quelle noblesse, quelle dignité dans sa marche! quelle imposante attitude dans la conversation! toujours reine, sans y songer, toujours éloquente sans affectation; commandant le silence et le respect par le charme et la netteté de son langage; son de voix délicieux, cause première de toutes les inventions de la malveillance à son sujet : « *L'on a voulu me faire passer pour une actrice,* disait-elle, avec une douce et noble naïveté, *parce que j'avais le malheur de déclamer passablement, comme si j'eusse été assez sotte pour m'en cacher si l'assertion eût été fondée* [2]. Le fait en lui-même, ajoutait-elle, ne m'a été sensible qu'à cause de l'achar-

1. La princesse de Canino avait conservé jusqu'à un âge fort avancé la beauté de ses mains.

2. Quelle âme ! quand sa bouche articulait le vers
Il semblait que sa voix n'avait que trente hivers.
C'est alors qu'elle était vraiment une Romaine,
Et qu'elle paraissait fille de Melpomène:
Prestige malheureux, mensonge accrédité,
Par l'excès de talents et la malignité,
Et qui, plus d'une fois humecta sa paupière
Malgré l'illusion, dont son âme était fière.

nement de nos ennemis qui s'en étaient emparés pour me nuire. » Quand elle abordait ce sujet, soit verbalement, soit dans ses lettres, elle était sublime d'éloquence et d'indignation, ainsi qu'on va le voir en lisant ce qui suit.

« Casin de la Marine, 29 janvier 1853.

Vous avez su, comment, à peine un peu remise de ma maladie, l'abominable article du *Siècle*, dont le but, à tort ou à raison, me semblait un outrage plus à la mémoire de mon mari qu'à moi-même, m'avait abattu le corps et l'esprit en même temps que meurtri profondément le cœur. Je n'en suis, je n'en dois être que plus reconnaissante envers l'excellent parent qui a cru devoir recourir à la publicité pour rétablir la vérité et dévoiler le mensonge, et fasse le ciel que je vive assez longtemps pour lui donner des preuves de ma reconnaissance ! Enfin tout ce que cela m'a donné à penser a été un véritable poison, et d'un autre côté, comment ce journal, devenu presque mon bourreau, a-t-il pu parler ainsi d'une femme dont il avait écrit avant, dans son feuilleton, l'article que vous savez [1] ? Et cela même ne devait-il pas lui don-

1. Celui-ci :
« La veuve de Lucien Bonaparte, Mme la princesse de Canino, a publié un poëme en douze chants, intitulé *Bathilde*, reine des Francs. Le sujet choisi par l'illustre poëte est plein d'intérêt, et se prête avec un rare bonheur à tous les développements de l'épopée.—Bathilde était une jeune et belle captive que des pirates amenèrent et vendirent en France,

ner l'occasion de joindre quelque chose à la froide réfutation au sujet de ma naissance paternelle [1]. Mais en voilà assez sur ce sujet. »

Il est vrai que la rectification avait eu lieu, mais le coup était porté, et l'effet qu'en ressentit l'illustre veuve n'en fut pas moins la première cause de l'affai-

alors que le trafic des esclaves et la traite des blancs étaient pratiqués en ce pays comme ils le sont dans les États barbaresques. Les marchands qui achetèrent Bathilde la revendirent à Archambaud, maire du palais; celui-ci se prit pour son esclave d'une affection toute paternelle, et il la maria au roi Clovis II, alors âgé de dix-neuf ans. Pour colorer ce que cette alliance avait de scandaleusement disproportionné, on prétendit que la jeune fille, née en Angleterre, appartenait à la noble race des rois saxons. Six ans après cet hymen, le roi étant mort, Bathilde devint régente, et le premier emploi qu'elle fit de l'autorité souveraine fut d'abolir l'esclavage; puis, dépossédée de son rang et du pouvoir suprême, elle fonda le monastère de Chelles, et y passa le reste de ses jours dans une pieuse humilité. La pauvre esclave, après avoir été une reine en ce monde, devait devenir une sainte au royaume céleste. Elle fut canonisée par le pape Nicolas Ier, un des plus illustres pontifes de l'Église romaine. —Toute cette histoire, à la fois touchante et merveilleuse, est racontée avec beaucoup de charme par Mme la princesse de Canino. Le poëme est bien conçu et distribué avec art; quant à la poésie, c'est véritablement la poésie de l'Emp re dans toute sa pompe régulière, avec sa sage mesure et ses molles cadences L'auteur devait cet hommage littéraire à l'époque napoléonienne; ses vers ressemblent à ceux que faisaient dans le bon temps les vétérans actuels de l'Académie. La princesse s'est placée de prime abord à côté de ces immortels. Son livre restera, et sera placé dans les bibliothèques d'élite, entre le *Mémorial de Sainte-Helène* et les œuvres de Lucien Bonaparte. *(Extrait du journal le Siècle).*

1. La princesse de Canino était fille de M. de Bleschamp, ancien ordonnateur de la marine à Calais.

blissement successif de sa vigoureuse organisation. Aussi conserva-t-elle, depuis cette circonstance, une profonde répulsion pour le *Siècle,* et fort peu d'estime pour le jouralisme en général, disant souvent, à ce propos, que les *articles de journaux pouvaient à la rigueur être des vérités...*

Son journal habituel était l'*Indépendance belge;* elle considérait cette feuille comme l'écho des bruits plus ou moins fondés que la diplomatie avait intérêt à propager : « C'est à la sagacité du lecteur, disait-elle, en parlant de ce journal, à démêler le vrai du faux. »

Un soir, lisant un article relatif aux affaires d'Orient, elle s'arrêta tout court pour m'adresser cette question : « *Vous fiez-vous par hasard à la diplomatie ?* Et comme je répondis : pas beaucoup... elle ajouta finement : « *Moi pas du tout...* »

VII

L'illustre veuve avait au suprême degré le don de la pénétration, et l'art de porter un jugement sur les personnages politiques ; le souvenir des délicieuses causeries auxquelles se livrait quelquefois notre vénérable hôtesse pendant les longues veillées d'hiver ne fut pas le moins précieux de ceux que nous emportâmes de notre séjour au casin de la Marine. La spirituelle conteuse trouvait toujours un sujet de conversation tout prêt dans la revue qu'elle faisait de temps à autre, de tel ou tel personnage célèbre, et ses appréciations, auxquelles sa longue expérience aussi bien que la grande sagacité de son esprit imprimaient un cachet de haute impartialité, donnaient à son opinion le caractère d'un oracle.

Parmi les personnages sur le compte desquels elle paraissait fixée, nous citerons d'abord M. de Lamartine qui était pour elle la probité politique personnifiée ; la noble causeuse n'en parlait jamais qu'avec des expressions qui respiraient la plus profonde vénération ; elle regardait sa parenté avec l'illustre poëte comme une faveur du hasard dont, disait-elle, il lui était permis d'être fière. Toutefois, cette flatteuse relation ne l'empêchait pas de juger l'homme public :

« Lamartine a perdu la plus belle des parties, disait-elle, en parlant de la révolution de Février, et s'il l'a perdue c'est pour avoir voulu sauvegarder tous les intérêts, ménager tous les partis : honorable défaite, assurément. Mais on ne peut contenter tout le monde et son père ; le riche et le pauvre, le petit nombre et les masses, les souverains et les peuples, et Lamartine a voulu contenter tout ce monde-là : il est vrai, qu'il était le seul homme capable de faire un tel miracle, si le miracle eût été possible.

« Les Italiens, disait-elle aussi, lui reprocheront longtemps sa politique timide et incertaine à leur égard, et le tort de n'avoir su ni leur porter ni leur refuser du secours. « Et ils ont bien un peu raison, ajoutait-elle, à demi-voix; on ne dit pas à un voisin que l'on voit tomber sous les coups d'un assassin : J'attends que tu te décides à m'appeler ; on vole a son secours sans attendre qu'il soit terrassé. Peut-être, Lamartine répondrait-il qu'avant de songer à ses voisins il devait songer à la France; mais en admettant cette excuse, fort contestable, du reste (car, c'est encore une question de savoir si en secourant l'Italie on ne songeait pas aussi un peu à la France), il fallait tenir un autre langage que celui de sa fameuse note. Je crois que Lamartine a subi, comme tant d'autres avant et après lui, la politique de tradition ; ce qu'il y a de sûr, c'est que M. Guizot n'eût pas agi autrement que Lamartine.

Quant à M. Guizot, la princesse évitait autant que possible de le passer au tamis de sa pensée, et sa réserve au sujet de ce personnage paraissait tenir au bon accueil qu'il lui fit personnellement en 1845, à l'époque où elle obtint de lui l'autorisation de se rendre à Paris pour y régler quelques affaires ; elle manifestait souvent le regret d'avoir été aussi courtoisement accueillie par cet homme d'État et par Louis-Philippe lui-même. «Car, disait-elle, sans l'excessive bienveillance du gouvernement français à mon égard, je n'aurais pas sur la conscience d'être allée en France sans avoir fait une visite à Ham; mais quand je priai M. Guizot de m'en accorder la permission, il me répondit, non point précisément par un refus, mais en me faisant comprendre que cette visite pourrait être désagréable au roi, ajoutant que s'il avait un conseil à me donner, c'était de m'abstenir. J'étais trop pénétrée des bontés dont j'avais été l'objet pour persister dans ce que je regardais comme l'accomplissement d'un tendre devoir. Ai-je eu tort? C'est ce que je laisse à décider à tous ceux qui savent le vrai motif de cette abstention, et particulièrement à celui à qui ma conduite en cette occasion a pu paraître une marque de coupable indifférence pour la personne du malheureux fils de Louis. »

Le fécond et courageux rédacteur de *la Presse* faisait quelquefois aussi le sujet des spirituelles causeries de la princesse. Elle ne rendait pas moins justice au caractère indépendant de l'écrivain qu'à son incomparable talent et lui attribuait carrément la nomination du président de la République.

Un jour, elle fit devant nous la réponse suivante à quelqu'un qui lui demandait ce qu'elle pensait d'Emile de Girardin!... «C'est un homme calomnié, » fit-elle avec cet accent de ferme conviction qui ne laisse aucun doute sur le jugement et l'impartialité de l'affirmateur. Le seul reproche qu'elle croyait pouvoir adresser à l'éminent publiciste, c'était de n'avoir pas compris en février qu'en faisant de l'opposition au gouvernement provisoire, il faisait nécessairement les affaires d'une implacable réaction dont les actes arbitraires et oppressifs devaient laisser bien loin les petites tracasseries de Ledru-Rollin.

Elle parlait rarement de M. Thiers, mais jamais

de sang-froid, ne lui pardonnant pas certaines assertions de son *Histoire du Consulat et de l'Empire*. Il était facile de s'apercevoir qu'elle affectait d'éloigner un sujet qui pouvait la rendre injuste envers l'homme illustre qui occupera une si grande place dans l'histoire parlementaire de son pays.

La noble veuve n'observait pas la même réserve quand elle parlait du glorieux fondateur de la dynastie napoléonienne; chaque fois que le nom de Napoléon s'échappait de ses lèvres, c'était plutôt pour signaler une faute que pour formuler un éloge.

Comme elle n'était pas toujours impartiale à l'égard du chef de sa famille, il m'arrivait quelquefois de ne pas faire chorus avec elle; alors elle me disait que j'étais bien indulgent et que je ne devais pas être content de l'opinion de Lamartine, sur le premier empereur : « Grand d'action, petit d'idées, nul de vertus. »

« Hélas! ajouta-t-elle, de toute cette gloire du premier empire, il ne reste, comme dit Lamartine, que des regrets pour le sang qu'elle a coûté, et la perte de nos belles provinces du Rhin et celle de la Savoie, partie intégrante du territoire français. Cependant, je fais une différence de la gloire acquise par nos quatorze armées républicaines repoussant l'étranger de toutes nos frontières. »

On conçoit qu'il devait y avoir dans les jugements que la princesse portait sur la grande figure de Napoléon un sentiment qui la dominait et qui ne lui permettait pas toujours de s'exprimer avec impartialité sur le compte d'un parent dont son mari avait eu tant à se plaindre; et cependant elle ne souffrait pas qu'on traitât trop cavalièrement devant elle le glorieux chef de sa famille; elle croyait avoir seule le droit d'en parler sans ménagement; et si quelqu'un, soit pour lui complaire, soit par tout autre motif, se laissait aller sur ce sujet à quelques propos peu mesurés, elle le rappelait immédiatement à la modération ou changeait aussitôt d'entretien. Elle éprouvait la même susceptibilité chaque fois qu'il était question du président de la République.

Un jour, nous trouvant à table avec plusieurs personnes étrangères, la conversation tomba sur le décret relatif au séquestre des biens de Louis-Philippe. Un monsieur qui, sans doute, avait ses raisons pour ne pas voir la chose comme le gouvernement la voyait, ayant laissé échapper quelques réflexions peu convenables sur le président de la République, la princesse l'arrêta court : « Paix ! fit-elle, d'un ton sévère, vous blâmez, et d'autres approuvent, et moi je ne dois pas souffrir qu'on s'explique de la sorte en ma présence: nous autres aussi, nous avons été séquestrés et plus que cela encore. »

Mais ce qui l'indignait souverainement, c'était l'ingratitude de ces courtisans ambitieux qui désertent le camp de la fidélité avec l'excuse de servir leur pays. « Il me semble, disait-elle, que si j'étais souveraine, je saurais assez facilement discerner le vrai dévouement du faux : c'est une affaire de sentiment plutôt que de pénétration ; car, vous ne sondez jamais plus aisément une personne que lorsque vous ne sentez aucun besoin de la sonder ; de même que vous n'avez pas beaucoup d'efforts de pénétration à faire avec celle que vous voudriez pénétrer, puisque, déjà, vous vous en méfiez ; au surplus, ajoutait-elle, MM. les souverains ne prennent pas tant de soucis ; ce qu'ils désirent, avant tout, c'est qu'on fasse leur volonté, et, en cela, ils savent fort bien ce qu'ils font. »

Elle désapprouvait toujours ceux qui, s'attachant à la forme plus qu'au fond, ont des préférences arrêtées pour un gouvernement plutôt que pour un autre. « Que vous fait le nom, disait-elle, pourvu que le pays soit bien gouverné ; toute la question n'est-elle pas là ? *Il est vrai*, reprenait-elle aussitôt, *que ce qui paraît bon aux uns semble souvent très-mauvais à d'autres, et c'est là ce qui fait et fera toujours le malheur de la France ;* question de prétendants, » ajoutait-elle en souriant.

Bien que son cœur portât fortement l'empreinte des sentiments républicains de son mari, elle contestait quelquefois l'aptitude des Français à la forme républicaine dont elle croyait que l'Italie avait plus le génie que la France.

« *Les Français*, disait-elle, *n'ont été depuis* 89 *que des démolisseurs et des restaurateurs de gouvernements, et peut-être ce retour périodique des royautés renversées, avec des intervalles républicains, est-il le régime qui convient le mieux à l'inconstance de leur humeur; ce n'est ni la République, ni la monarchie*[1], *ou plutôt, c'est tous les deux.* » Puis elle ajoutait que le meilleur gouvernement, à ses yeux, serait celui qui commencerait par déchirer les traités de 1815, et par expulser les Autrichiens de l'Italie; elle répétait souvent que l'histoire ne manquerait pas d'être sévère pour ceux qui, ayant pu délivrer l'Italie, l'avaient laissée sous le joug de l'Autriche; et si on objectait qu'on ne pouvait tout faire en un jour. « D'accord, répondait-elle avec tristesse, mais pour peu que l'on tarde, je n'y serai plus... »

Hélas! la généreuse veuve avait raison d'être pressée... A peine put-elle entendre le premier coup de canon que la France a tiré sur la plage de Crimée, comme prélude de la guerre de Lombardie; elle l'entendit pourtant assez pour pouvoir nous écrire, à la date du 25 février 1855, que si la France et l'Angleterre réunies ne s'accordaient pas pour détruire entièrement la flotte russe et tout ce qui pourrait s'en suivre, elles devraient passer aux gémonies de l'his-

1. Sans contester la justesse de ces réflexions, il semblerait, d'après l'expérience, que la nation s'accommode plutôt des périodes monarchiques que des intervalles républicains, puisque ces derniers ont moins de durée que les premiers; c'est au moins ce qui paraît ressortir de l'ensemble des soixante-quinze dernières années de notre histoire. Il est vrai que l'expérience et l'intervention du suffrage universel ont sensiblement modifié le caractère national.

toire... « Car, *elles auront perdu l'occasion de détruire le plus que germe de barbarie qui nous menace,* » paroles vraiment prophétiques et que les derniers événements de Pologne ont bien cruellement justifiées.

Elle nous entretenait souvent de plusieurs personnages dont elle avait conservé un affectueux souvenir et dont les noms brillaient sur son album : c'étaient Béranger, le protégé de son mari à qui elle attribuait les premiers succès du célèbre chansonnier; M. Jars, ancien député de Lyon, qu'elle avait connu dans les premières années de l'Empire, et qui lui avait donné plus d'une fois la réplique dans des scènes de tragédie qu'elle récitait en petit comité; M. Drouyn de Lhuys dont elle avait beaucoup connu le père; M. Belmontet qu'elle appelait le Blondel des Bonaparte..., et beaucoup d'autres qui échappent à nos souvenirs.

VIII

Nous passâmes ainsi plusieurs jours à nous entretenir des personnages et des affaires politiques, en attendant le beau temps qui n'arrivait jamais.

Quelquefois, cependant, la princesse me faisait appeler dans son cabinet; c'était le moment des confidences intimes; c'était là surtout qu'elle était admirable de langage et de noblesse.

Que ne puis-je retracer ici les sublimes élans de cette âme d'élite, ses regrets, ses douleurs et ses nobles susceptibilités si éloquemment exprimées! Que ne m'est-il permis de répéter ce qu'elle disait de ceux qu'elle aimait, de ceux à qui elle pardonnait, toujours mère quand elle parlait de ses enfants, toujours amie quand elle parlait de ses amis ; toujours l'indulgence après le reproche : sensible à l'excès aux douleurs de sa famille[1], s'accusant souvent elle-même des torts

1. Voici ce que la princesse nous écrivait à propos de la fin prématurée de sa belle-fille, la femme de son fils le prince Charles Bonaparte.

« Je ne doute pas de l'intérêt que vous prenez à ce qui touche ma famille, et particulièrement à la perte non moins douloureuse qu'imprévue que je viens de faire... Qui, à mon âge, et avec ma santé à tout moment presque agonisante depuis si longtemps, aurait jamais pu croire que ce serait à moi de pleurer cette mère de famille si fraîche encore et si vivace? J'en ai naturellement ressenti l'effet par un redoublement d'attaques de fièvre et de misères physiques. »

La princesse était loin de penser alors que le prince lui-même suivrait de près sa femme dans la tombe... et que le premier héritier de cette intéressante famille ne survivrait pas longtemps à son père.

Voici une autre lettre que la princesse de Canino écrivait au pape Grégoire XVI pour implorer la justice pontificale en faveur de deux de ses fils, dont tout le crime était de ne s'être pas laissé tranquillement assassiner par trente carabiniers se précipitant à l'improviste sur deux jeunes gens de vingt ans. Nous sommes heureux de pouvoir mettre cette éloquente exposition sous les yeux du lecteur.

«Très-saint père, La princesse de Canino, prosternée aux pieds de Votre Sainteté, implore humblement sa justice souveraine et paternelle, contre l'horrible attentat qui vient d'avoir lieu envers deux de mes fils, don Pierre et don Anqu'elle reprochait aux autres, et confessant naïvement les siens ; mais concentrant toujours toutes ses pensées sur une mémoire à qui elle décernait la plus méritoire de toutes les couronnes, s'indignant parfois de voir l'héroïsme de la vertu moins en faveur parmi les hommes que celui des batailles. « Grand homme de bien, disait-elle, grand homme de guerre, il me semble que l'un vaut bien l'autre; et ceci, poursui-

toine Bonaparte. Ces deux jeunes gens, d'après les ordres sacrés de Votre Sainteté, transmis au cardinal Fesch, leur oncle, par l'organe des deux cardinaux Rivarola et Lambruschini, se préparaient, affligés comme ils devaient l'être, d'être ainsi condamnés sans être entendus, à quitter les Etats romains. Ils attendaient de moment en moment, les passeports qui leur avaient été offerts par votre paternité. Cette offre de passe-ports leur avait été faite par moi, leur infortunée mère, en exécution des ordres de Votre Sainteté, et me laissait, par conséquent, en pleine sécurité contre toute autre tentative. Victimes de la plus noire calomnie, mes enfants, mes pauvres enfants, la mort dans le cœur, et indignés de l'atrocité des inculpations dont ils étaient l'objet, se résignaint enfin, avec douceur, à recevoir les passe-ports, bien qu'ils ne sussent où aller ! Quel fut leur étonnement lorsque, au mépris de cette espèce de négociation avec le gouvernement de Votre Sainteté, ils se virent inopinément attaqués, à main armée et furibonde, par une trentaine de carabiniers, qui, sans intimation quelconque, verbale ou écrite, sans qu'on m'eût avertie de rien, comme j'aurais dû l'être, en ma qualité de princesse, mère d'enfants mineurs, pour tenter au moins, par la douceur, de leur faire entendre moi-même ce qu'on voulait d'eux, et de quelle part ils étaient ainsi barbarement assaillis ! Mes enfants, Très-Saint-Père, ont dû se croire attaqués, entourés de véritables sicaires, qui, je l'ai d'abord cru moi-même, s'étaient travestis en carabiniers, pour assassiner à la fois deux Bonaparte. Personne, en effet, ne pourra croire que Votre Sainteté, au moment où elle fai-

vait-elle, je n'ai jamais cessé de le dire et de le redire à mes enfants dans la crainte qu'ils ne soient plus fiers de la gloire de leur oncle que des vertus de leur père. » Puis elle ajoutait : « Ne soyez pas étonné de m'entendre raisonner ainsi ; je passe les trois quarts de ma vie à feuilleter les manuscrits d'un homme, hélas! qui n'est plus, mais qui, lui, a eu de la gloire dans un autre genre : grand d'idées, et grand praticien de

sait des offres de passe-ports, ait pu donner des ordres si contraires à l'humanité et à la religion. Cette manière de traiter les hommes, quels qu'ils soient, en les abordant à coups de sabre, de pistolet, de baïonnette, sans aucune intimation, a provoqué une résistance légitime aux yeux de Dieu et des hommes ; car, il n'est d'usage ni de loi, en aucun pays, de tirer ainsi à bout portant, même sur des criminels contumaces, au risque de la perdition de leur âme et de leur corps.

« Très-Saint-Père, je ne doute pas que dans votre puissance et sagesse souveraines, vous ne recherchiez et ne punissiez les auteurs de cette véritable tentative d'assassinat. Mon fils Pierre, a été grièvement blessé et emprisonné ; sa valeur ayant enfin dû céder au nombre. Les carabiniers trop nombreux, en effet dans le petit espace qu'ils avaient eu l'ineptie de choisir pour leur champ de bataille; se sont probablement frappés entre eux, par suite de leur maladresse bien connue à se servir de leurs armes ; ou peut-être, aveuglés par le trouble et le danger qu'ils couraient en commettant une si détestable action. Enfin, Très-Saint-Père, de quelque part que soient venus les coups de mort, soit que la divine Providence, ayant voulu punir l'infâme trahison de ces gens-là, ait permis qu'un seul jeune homme pût résister à trente militaires transgresseurs des lois de l'humanité, quelques morts enfin, ou blessés qu'il y ait eus dans cette affaire, ce n'est point mon fils qui les a tués, mais bien ceux qui ont dirigé cette abominable opération, qui, hors des règles ordinaires de la jus-

vertu ; vous le connaissez de réputation ; mais quand vous connaîtrez certaines de ses œuvres inédites, vous l'apprécieriez bien davantage. »

Un jour, à la suite de l'un de ces affectueux épanchements, la vénérable veuve, qui aimait à s'entretenir de sa famille maternelle, me pria de lui donner lecture de plusieurs pièces tirées des archives de la ville de Vienne, relatives aux différents emplois

tice et de la religion, ne peut être émanée du cœur de Votre Sainteté.

« Mon fils, don Antoine, blessé aux mains en plusieurs endroits, en parant les coups de baïonnettes qu'on lui dirigeait dans le ventre, a pu, avec l'aide de Dieu, et par sa contenance imposante, faire reculer ses traîtres ennemis, et sans avoir besoin de se servir contre eux de ses armes, il est venu se réfugier dans mon sein.

« En ce triste état de choses, je supplie Votre Sainteté de vouloir bien donner des ordres pour l'expédition des passeports qu'elle a offerts à mon oncle, le cardinal Fesch, passeports qui eussent épargné du sang, s'ils étaient arrivés aussitôt que Votre Sainteté en a déclaré l'intention.

« Si, cependant elle juge, en sa souveraine sagesse, que deux enfants mineurs, blessés en défendant leur vie, barbarement et déloyalement attaqués soient coupables, il ne me reste plus qu'à espérer que la justice divine éclairant la justice humaine, mes enfants soient reconnus innocents, aux yeux de l'une et de l'autre à la face des tribunaux.

« Pleine de confiance dans la justice et la bonté de Votre Sainteté, la princesse de Canino, de nouveau prosternée aux pieds de Votre Sainteté, implore l'apostolique et paternelle bénédiction. »—Ajoutons, que les prières de la princesse restèrent sans effet, et que son fils Pierre dut subir le plus inique des jugements. Après neuf grands mois de captivité, et d'instantes représentations, le jeune fils de Lucien, exilé des États de l'Église, fut obligé de s'embarquer pour les États-Unis.

qu'avaient exercés ses parents et les miens dans le XVIIe et le XVIIIe siècle. Quand j'eus fini de lire, elle me dit : « Tout cela est fort honorable sans doute, et sans y attacher trop d'importance l'un et l'autre, il nous est permis d'en être fiers. Mais je n'ai pas besoin, ajouta-t-elle, de remonter si haut pour trouver des [illegible] dans cette famille; car je puis [illegible] faits mêmes de notre temps. » Alors elle m'a[illegible] que son frère, M. de Bieschamps, avait été militaire et qu'il avait trouvé la mort à l'affaire de Leipzig, en voulant sauver Poniatowski, lorsque ce prince s'était précipité dans la Pleiss pour rejoindre l'armée française. Elle ne me donna pas d'autre détail sur ce fait, dont aucune histoire des guerres de l'empire ne fait mention; mais, dernièrement, le hasard m'en a procuré la confirmation de la bouche même de son fils, le prince Pierre Napoléon, qui a bien voulu me faire l'honneur de me donner communication du fait en ces termes:

« M. de Bleschamps, capitaine d'état-major, mourut à Leipzig dans des circonstances exceptionnelles et héroïques. Il suivait Poniatowski : le prince blessé s'étant jeté dans la Pleiss pour rejoindre notre armée, allait périr, lorsque mon oncle, excellent nageur, le sauva. Restait à traverser l'Elster. Le prince, bien qu'il fût atteint d'une nouvelle balle, s'y précipita.... La berge escarpée ne lui permit pas d'arriver à l'autre bord.

« Le généreux Bleschamps se porta de nouveau à son

secours : on le vit revenir sur l'eau, tenant Poniatewski à mi-corps ; mais bientôt ils disparurent tous deux [1].

« Si Poniatowski était un héros, celui qui sacrifia sa vie pour [illegible] dit [illegible] moins [illegible] [illegible] »

Je [illegible] [illegible] [illegible] avec au [illegible] d'[illegible] [illegible] [illegible] [illegible] je viens de rappeler un intérêt de circonstance, et que j'étais allié à M. de Bleschamps au même titre que je l'étais à son illustre sœur.

Un jour, où je passais en revue les diverses fonctions qu'avaient remplies les parents de ma mère, la princesse me dit en cherchant à deviner dans mes yeux, si la question m'embarrassait : « Et du côté de votre père ?— Oh ! répondis-je, du côté de mon père, c'est autre chose...— Bien, bien ! fit-elle avec bonté, j'entends... Madame votre mère a un peu dérogé, n'est-ce pas ? Heureusement vous êtes trop bon fils pour y tenir. »

Je lui répondis que je n'avais pas lieu de n'y pas tenir, vu que ma famille paternelle, originaire d'Italie et l'une des plus historiques du comtat Venaissin, remontait au XIIe siècle [2], et que mon

1. Les détails de cet épisode de l'affaire de Leipzig sont empruntés au général Soltyk.

2. Les membres de cette famille, dit Pitton-Curt, dans son *Histoire des maisons célèbres du Comtat Venaissin*, prirent une

père, bien qu'il se fût vaillamment et honorablement livré à l'industrie commerciale, avec une probité devenue proverbiale à Lyon, n'en était pas moins l'arrière-petit-fils de Claire de Poitiers, tante de la célèbre Diane. — « Ah! fit alors la princesse, tant mieux. » — Et la conversation sur ce sujet n'alla pas plus loin.

Au milieu de ces entretiens il nous arrivait souvent, comme on doit le penser, de parler de Lucien, et la conversation, dans ce cas, avait dans la bouche de l'illustre veuve toute la majesté de l'histoire. Elle n'envisageait pas la coopération de son mari, au 18 bru-

part active aux longues querelles des Guelfes et des Gibelins. Il est fait mention de l'un d'eux dans le trente-deuxième chant de Dante en ces termes :

E tutta la caina,
Potrai cercare e non troverai ombra,
Degna più d'esser fitta in gelatina
Non quello a cui fùrotto il petto l'ombra
Con esso un colpo per la man d'Artu,
Non *Focaccia*, non questi che m'ingombra,
Col capo si, c'hio non veggio oltre più
E fù nomato Sassol Mascheroni.

TRADUCTION.

Vainement de l'enfer tu sonderais l'abîme,
Tu ne pourrais trouver dans cet antre du crime
Aucune ombre plus digne et de glace et de feu
Que l'ombre de celui qui gèle dans ce lieu.
Non, pas même celui qu'Artus en sa colère
Perça d'un coup de lance et cloua contre terre,
Pas même encor *Focaccia*, ou celui dont le front
M'offusque.... et qu'on nommait Sassole Mascaron.

Focaccia était le nom primitif de notre famille avant son établissement en Provence. Le Dante, en le citant, fait allusion à une atrocité dont se rendit coupable ce Focaccia, digne assurément de figurer dans l'enfer du poëte, bien que,

maire, de la même façon que l'auteur de l'*Histoire du Consulat et de l'Empire;* elle contestait de la manière la plus formelle la prétendue soumission de Lucien aux ordres de son frère, faiblesse que le célèbre historien du *Consulat et de l'Empire* lui a attribuée à propos de cette grande page de notre histoire parlementaire.

Elle répétait souvent que, malgré l'humeur impérieuse et dominatrice de Napoléon, il y aurait eu entre lui et Lucien bien moins de sujets de mésintelligence sans les manœuvres et les flatteries de vils courtisans qui venaient se mettre à la traverse, jus-

d'après l'historien Villani, il appartînt à la célèbre maison des Cancellieri dont dix-huit membres avaient le droit de porter des éperons d'or. Ce fut à la suite d'une querelle politique que Focaccia mérita l'honneur d'être cité par le poëte florentin. Voici comment :

Un jeune Cancelliere de la branche gibeline s'étant pris de querelle avec un Cancelliere de la branche guelfe, il en résulta une telle inimitié que le gibelin trouvant un jour son adversaire seul et désarmé, le blessa au visage, et lui trancha le poignet avec lequel il avait tâché de se garantir. Le père de l'agresseur, désirant apaiser par une satisfaction éclatante les suites de l'affaire, se décida à livrer son fils au père du blessé, en lui faisant dire qu'il s'en remettait à lui pour le châtiment du coupable qui, malgré sa faute, n'en restait pas moins le proche parent du blessé; mais le père, insensible à la générosité d'un pareil procédé, eut la cruauté d'infliger au jeune gibelin la peine du talion : il lui fit trancher la main sur une mangeoire de chevaux par un de ses fils qui portait le surnom de Focaccia ; et, dans cet état, le renvoya aux Cancellieri gibelins, en le chargeant de dire à son père que c'était avec le fer et non avec des paroles qu'on guérissait de semblables blessures.....

que dans leurs rapports domestiques : « Napoléon, disait-elle, connaissait bien la trempe du caractère de son frère; il savait parfaitement que, ni couronnes ni intimidations ne pourraient avoir prise sur cette nature avide d'indépendance; il aurait fini par prendre son parti et par s'incliner devant la respectable personnalité de Lucien. Il le fit bien, plus tard, mais seulement aux jours de malheur. »

L'illustre veuve nous conduisait souvent à sa galerie de tableaux et d'objets d'antiquité. Un jour, en faisant la revue habituelle des chefs-d'œuvre qui s'offraient à nos regards, la princesse s'arrêta devant le portrait de Lucien, et comme elle savait que j'avais vu plusieurs fois le prince de Canino avant 1830, a Rome et à Sinigaglia, elle me demanda si je trouvais le portrait ressemblant; je lui répondis que Lucien avait dû beaucoup changer depuis brumaire jusqu'en 1825, époque à laquelle je l'avais vu, et qu'il n'était pas étonnant que son portrait ne me rappelât qu'imparfaitement les traits du prince; qu'il me rappelait bien plus ceux de Casimir Périer, avec lequel je lui trouvais une ressemblance frappante. « C'est vrai, fit la princesse, on me l'a déjà dit; mais Casimir Périer était très-grand, et Lucien ne l'était pas, quoiqu'il le fût plus que ses frères. Il avait à peu près votre taille, et ce qui est assez bizarre, un peu de votre humeur aussi... J'espère, ajouta-t-elle, avec un fin et bienveillant sourire, que le cher cousin ne s'en formalisera pas... »

IX

Le temps qui avait fini par se mettre au beau interrompit le cours de ces agréables causeries, en nous permettant de faire avec notre affectueuse hôtesse quelques excursions dans la campagne, soit à la colline, soit aux environs de Sinigaglia; la princesse paraissait éprouver beaucoup de plaisir dans ces promenades; elle disait qu'elle n'en n'avait pas tant fait depuis longtemps, et que ces courses, en compagnie de sa seconde famille, lui rafraîchissaient le cœur et le corps : « *Je ne me serais jamais cru si courageuse* s'écriait-elle en chemin; *on voit bien que je suis contente.* » Nous profitâmes d'un jour de beau temps pour aller à Ancône où la princesse avait quelques amis auxquels elle désirait nous présenter. Nous fîmes ce petit voyage par une journée délicieuse en voiture découverte et sans quitter le bord de la mer. L'Adriatique, contre son habitude, était unie comme une glace, azurée comme le ciel : de petites barques à voiles sillonnaient le rivage de distance en distance, et semblaient s'évertuer à nous faire la conduite. Nous eussions consenti à voyager ainsi sans jamais atteindre le terme du voyage tant nous éprouvions de douces sensations sur cette plage enchanteresse. La princesse elle-même était heureuse de notre béatitude: « *Vous n'avez pas cela à Mandres,* fit-elle, *pas même à Paris; mais aussi vous n'avez pas les Autrichiens qui font ombre au tableau et dépoétisent tout ce qu'ils touchent.* »

Nous arrivâmes à Ancône plus tôt que nous ne l'aurions voulu, comme des gens qu'on arracherait aux plus délicieuses rêveries.

Nous descendîmes à l'hôtel où Radetzki avait logé à l'époque des troubles de la Romagne : il n'y avait ce jour-là dans l'hôtel d'autre appartement disponible que celui du célèbre général autrichien, ce qui parut contrarier un peu la noble voyageuse : « Ça sent l'Autrichien, nous fit-elle; si vous n'avez pas l'odorat trop fin, tâchez de vous en accommoder s'il n'y en a pas d'autre... »

La chambre et le lit de Radetzki me tombèrent en partage, et j'avoue qu'en consentant à me les approprier malgré l'excessive irritabilité de mes nerfs à l'endroit des Autrichiens je n'eus pas besoin de recourir à de grands efforts, car, la situation de cette chambre était admirable; un balcon fort en saillie s'avançait sur la mer et permettait aux yeux d'embrasser un splendide horizon, et d'assister à toutes les évolutions auxquelles se livrait le régiment de petites barques qui partaient pour la pêche. « Eh bien! me fit la princesse, le lendemain, avez-vous rêvé Radetzki? » Et comme je ne paraissais pas m'en être très-inquiété : « *C'est,* reprit-elle, *que vous n'avez pas été témoin de ses hauts faits comme nous.* »

Après une courte promenade que nous fîmes

dans la ville et une pénible ascension à la citadelle, la princesse, qui ne dédaignait pas la bonne chère nous fit servir un excellent déjeuner où ne manquaient ni les huîtres, ni le gibier, ni le poisson, ni les truffes de la localité; mais ce qui fixa surtout notre attention, parmi les choses délicates qu'on nous servit, ce fut une crème exquise dont on avait l'habitude de régaler la noble voyageuse chaque fois qu'elle venait à Ancône, et dont l'invention appartenait à la cuisinière de la princesse. Ce qui distinguait cette crème de toutes ses rivales, c'est qu'elle était cuite sans feu... Ma femme en importa la recette en France, en promettant à notre hôtesse qui ne la prodiguait pas, de n'en faire part qu'à nos vrais amis, et je puis dire que jusqu'à ce jour l'importatrice a fidèlement tenu sa promesse, en résistant avec la plus héroïque énergie à toutes les sollicitations qui lui ont été adressées à ce sujet, y comprises même celles de ses meilleurs amis.

Nous ne restâmes à Ancône que vingt-quatre heures pendant lesquelles l'illustre voyageuse reçut la visite du consul de France[1] et de plusieurs notabilités de la ville, pour qui sa présence était toujours un sujet de consolation et d'espérance; car la princesse n'était pas femme à cacher sa pensée, ni la nature des destinées qu'elle souhaitait à sa patrie

1. M. Mazuyer, gendre de M. d'Argout, ancien ministre sous Louis-Philippe, et depuis gouverneur de la Banque.

adoptive. « Je me moque des espions et des cabinets noirs, disait-elle souvent ; quand on se sent dans la vérité et qu'on ne craint rien, pas même la mort, et qu'on est à chaque instant dans le cas de la désirer, par excès de souffrance, on est bien fort. »

Sa présence à Ancône était surtout l'occasion d'une bonne journée pour les pauvres : « Que voulez-vous, nous dit-elle, en donnant l'ordre à ses gens de répandre quelques pièces de monnaie, il faut bien aussi que ces pauvres déshérités soient contents de la Luciana... »

Lorsque nous remontâmes en voiture, la princesse nous dit, en parlant de plusieurs personnes qui lui avaient fait la conduite : « Tous ces braves gens s'imaginent que mon crédit est grand, et plus je m'applique à les détromper plus ils persistent dans cette pensée; c'est fort ennuyeux, parce qu'ils me supposent peut-être une mauvaise volonté que je n'ai pas. » Elle ajouta que plusieurs, la croyant riche, auraient désiré qu'elle mît des capitaux dans des établissements industriels, mais qu'elle ne pouvait ni ne voulait s'y aventurer ; que d'ailleurs, elle n'avait jamais eu une grande sympathie pour les hommes d'affaires; que l'industrie et le commerce, voire même l'agriculture n'attendrissaient pas le cœur ordinairement, ne l'élevaient pas non plus...; que, l'Angleterre devenue presque uniquement comptoir, en était un exemple frappant; enfin, qu'elle était trop près de ses pièces, pour vouloir courir aucune espèce de chance avec des personnes dont elle pouvait se trouver séparée d'un moment à l'autre, dans le cas de son retour en France.

La fortune de la princesse, à cette époque, était en effet, fort restreinte et suffisait à peine aux exigences du grand nom qu'elle portait. Ce ne fut qu'à la veille de la proclamation de l'Empire qu'elle reçut à titre de membre de la famille Bonaparte quatre mille francs par mois. Malheureusement, la noble veuve ne devait pas jouir longtemps de cet accroissement non de fortune, mais d'aisance; car ses jours étaient déjà fatalement comptés, par le terrible fléau qui devait les trancher d'une façon si cruelle.

Le soir, à notre retour d'Ancône, la princesse me demanda ce que je pensais de cette ville.

Je répondis que la situation d'Ancône m'avait toujours paru délicieuse; que la ville, sans être jolie ni grande, avait un air de vie et d'activité qui devait la rendre plus agréable à habiter que bien d'autres cités plus grandes et plus belles. « Et les amis auxquels je vous ai présenté, fit la princesse, qu'en pensez-vous? C'est ce qu'on appellerait en France l'aristocratie du pays. » A cette question, nous ne pûmes que confirmer l'idée très-avantageuse que nous nous étions faite de toutes ces personnes dont la plupart possédaient parfaitement la langue française et nous avaient paru pleines de distinction. Mais ce qui plaisait surtout en elles, c'était un esprit libéral fort avancé qui n'excluait ni la dignité ni la modération du langage : en Italie, on sait être riche et titré sans se croire obligé de fronder ironiquement les idées populaires : aussi n'y voit-on pas comme en France cet esprit d'antagonisme qui règne entre certaines classes, et qui sert de prétexte et d'aliment à toutes les révolutions. « Ainsi, reprit la princesse, vous n'éprouveriez aucune répugnance à habiter Ancône ?—Aucune, lui dis-je, sans trop savoir où l'aimable questionneuse voulait en venir.—Eh bien, poursuivit-elle, c'est bon à savoir, car je soupçonne que l'excellent homme qui dirige le consulat d'Ancône n'a pas l'intention d'y rester bien longtemps, et s'il venait à le quitter, nous pourrions tâcher de lui donner un successeur, sans aller le chercher bien loin. Qu'en dites-vous, cousin? » Ma femme et ma fille, qui étaient présentes, échangèrent entre elles un sourire qui n'échappa pas à notre bienveillante hôtesse : « Vous riez, leur dit-elle avec bonté, vous aimez mieux rester à Mandres, n'est-ce pas ? je le comprends, Mandres, c'est Paris; et vous, cher père, vous êtes sans doute de l'avis de ces dames ; parlez-moi franchement. » Je répondis que toute position qui tendrait à nous rapprocher du casin de la Marine ne pouvait que nous être infiniment agréable, mais que la fonction de consul n'était en général qu'une première étape fort onéreuse pour arriver aux emplois diplomatiques, et que je craignais d'être déjà un peu mûr pour faire mes premières armes dans cette épineuse carrière ; sans compter que je ne m'étais jamais senti beaucoup de goût ni d'aptitude pour les fonctions publiques, et que tout poste administratif, quels qu'en fussent d'ailleurs les avantages, m'avait toujours semblé une véritable chaîne, et ne vaudrait jamais à mes yeux le droit de me lever et de me coucher à mon heure, celui de travailler ou de me reposer quand bon me semble, et de passer les Alpes au besoin, pour me rendre au casin de la Marine aussitôt que l'envie pourrait m'en prendre.

—Mais, quand vous serez à Ancône, fit la princesse en riant, vous n'aurez plus besoin de les passer pour venir à Sinigaglia...

—C'est vrai, répondis-je, en balbutiant, grâce à la liberté de mes mouvements, que j'ai toujours su conserver et sans laquelle je n'y serais probablement jamais venu.

—Savez-vous, s'écria la princesse, que c'est là du Lucien tout pur, et du meilleur... et voilà comme souvent nous comptons sans notre hôte; cette idée du consulat, qui m'avait passé par la tête, n'était tout bonnement qu'un château en Espagne, et je commence à croire, mes bons amis, que je me rapprocherai plutôt de Mandres que vous de Sinigaglia. Au reste, ajouta-t-elle, si le cas de vous installer à Ancône se fût présenté, je ne sais pas trop comment je m'y serais prise, ni à qui je me serais adressée pour arriver à mes fins; je suis peu solliciteuse de ma nature, et, à vous parler franchement, je crois que je m'étais un peu avancée... Mais enfin c'était une excellente occasion pour connaître la dose de crédit inhérente au nom que je porte. »

Puis elle ajouta avec bonté :

—C'est une petite satisfaction que l'humeur anti-consulaire de notre cher campagnard n'a pas jugé à propos de m'accorder, et peut-être n'a-t-il pas eu tort; car, l'épreuve aurait fort bien pu ne pas être heureuse, et par suite me causer quelque déplaisir. Ce qui prouve que tout est pour le mieux dans le meilleur des mondes possibles. »

X

Il nous arrivait quelquefois de tuer le temps par un peu de musique exécutée par ma fille sur une méchante épinette à laquelle la princesse tenait beaucoup comme souvenir, mais dont elle ne se dissimulait pas la pernicieuse influence sur le canal auditif des assistants. Heureusement, l'exécutante avait la ressource de la voix et pouvait aisément suppléer à la médiocrité de l'instrument, par la variété des morceaux qu'elle avait dans la mémoire. Pendant ces délassements, la princesse était aux anges; elle n'écoutait jamais ces délicieuses mélodies italiennes, sans qu'une larme ne roulât dans ses yeux; mais son étonnement était plus grand encore que le plaisir qu'elle paraissait éprouver. Entendre exécuter en italien bien accentué et de mémoire, par une jeune personne élevée à Paris, toutes ces partitions magistrales, dépassait la portée de ses conjectures. Un jour, après que la musicienne nous eut chanté la romance du *Saule d'Otello*, la princesse fut si ravie qu'elle s'écria en laissant tomber ses mains sur ses genoux : « Pas possible ! on ne chante ainsi qu'au théâtre ! » A quoi je répondis que sa surprise et son observation nous révélaient la source de toutes les calomnies dont elle avait été la victime, et auxquelles elle avait eu le malheur de donner lieu en déclamant comme au théâtre... La princesse saisit aussitôt l'allusion, et, sautant vivement au cou de la musicienne, elle l'embrassa avec la plus maternelle effusion.

De temps en temps, la princesse daignait me proposer une partie d'échecs : il était facile de voir qu'elle avait été de première force à ce jeu, mais elle l'avait un peu oublié faute d'exercice, ce qui ne l'empêchait pas de me battre à peu près trois fois sur quatre. « Je suis bien sûre, me dit-elle, la première fois que nous jouâmes ensemble, et après m'avoir fait mat, qu'il n'y a pas de la galanterie de votre part; je pense bien qu'il n'y a pas non plus de la déférence pour mon excellence. » Mon illustre adversaire vit bien par la suite, à la sueur qui coulait de mon front et à l'ardeur que je mettais à me défendre qu'il n'y avait ni de l'une ni de l'autre.

Mais la partie du programme la plus agréable et la plus intéressante était celle où notre bienveillante hôtesse daignait nous initier elle-même aux piquantes révélations de son mari, en nous lisant ou en nous faisant lire à tour de rôle, un chapitre des mémoires de Lucien. Nous avons été assez heureux pour obtenir de la princesse la permission de copier quelques pages de ce précieux manuscrit : nous les mettons sous les yeux du lecteur, à la fin de ce récit, avec le regret de n'avoir pas eu le temps d'en copier davantage.

Après avoir passé une portion de l'hiver dans cette philosophique retraite, nous songeâmes à regret à prendre congé de l'illustre veuve, non pour revenir en France, mais pour nous rendre à Naples où nous appelaient des affaires de famille qui pouvaient nous y retenir plus longtemps que nous ne pensions. Je prévins donc la princesse, qui désirait nous garder quelques jours de plus, que nous étions obligés, bien malgré nous, de nous séparer d'elle, et que nous lui demandions la permission de fixer notre départ au surlendemain.

—Pas encore, me dit-elle, avec gravité ; j'ai à vous parler ; ensuite, nous verrons.

Le soir elle me fit dire qu'elle m'attendait dans son cabinet, je m'y rendis à l'instant. — Elle m'y retint plus d'une heure.

Les confidences dont elle daigna m'honorer dans cet entretien avaient toute la solennité d'un testament, aussi, lui fis-je comprendre dès l'abord, que j'étais à sa disposition corps et âme pour l'entière exécution dè ses ordres, quels qu'ils fussent.

—Non, fit-elle en me serrant la main ; j'ai pensé que tout cela pourrait vous causer des contrariétés que je veux, que je dois vous épargner au moins de mon vivant ; mais ce que j'attends de votre amitié, c'est que vous me promettiez de confondre mes calomniateurs dans le cas où il s'en trouverait encore après ma mort [1], et, bien que j'aie lieu de croire que vous ne seriez pas seul à repousser la calomnie, si elle essayait jamais de me poursuivre jusque dans la tombe, je suis heureuse de savoir que votre coopération m'est acquise. Je dois vous prévenir aussi, ajouta-t-elle, que, parmi les papiers que je laisserai après moi, plusieurs vous sont destinés ; ils pourront vous servir dans le cas où, désirant donner à ma mémoire une marque d'affection, vous auriez besoin de recourir à eux pour y puiser des documents qui vous seraient indispensables [2].

La pensée qui parut dominer la princesse dans ce grave entretien, dont je ne puis donner ici qu'un faible aperçu, fut l'éventualité de son retour en France. Ce n'est pas que l'illustre veuve n'aimât beaucoup l'Italie qu'elle appelait sa seconde patrie, mais elle ne l'aimait pas telle que les Autrichiens

1. Heureusement, il ne s'en est pas trouvé ; il ne pouvait plus s'en trouver après l'éclatante réfutation qui avait été obtenue du journal la *Vérité*, à propos d un feuilleton de ce journal, intitulé : *Le gardien du tombeau de Sainte-Hélène*.

2. Comme ces papiers ne m'ont jamais été remis, je dois croire que la subite invasion de la maladie n'a pas laissé le temps à la princesse d'en faire le choix.

l'avaient faite. « Je flotte toujours, disait-elle, entre le désir de ne pas trop m'éloigner de la dépouille mortelle de mon mari et celui de ne pas vivre plus longtemps dans ce pays de misères, d'arrestations et de condamnations à mort, où l'on a plus d'indulgence pour les voleurs assassins que pour les égarements de la politique. » Mais aussitôt, les embarras matériels d'un déplacement, et la nécessité où elle se voyait de réaliser ses propriétés avant de quitter l'Italie, se présentaient à son esprit comme un obstacle infranchissable à l'exécution de ses projets.

Alors elle s'affaissait, avec une touchante résignation, et finissait toujours par dire que Dieu ferait d'elle ce qu'il voudrait.

XI

Après avoir dépassé de plusieurs jours celui que nous avions fixé pour notre départ, terme auquel la princesse n'avait pas voulu adhérer avant de nous avoir fait dîner avec quelques personnes de Sinigaglia, nous prîmes congé de cette admirable femme.

En nous voyant dans l'impossibilité de prolonger davantage notre séjour au casin de la Marine, elle nous dit, les yeux pleins de larmes : « Je n'ose solliciter encore un délai, car si vous résistiez, je croirais que vous partez peu contents de votre parente. »

Ensuite elle se jeta dans nos bras, en nous faisant

promettre de ne jamais l'oublier, et de lui donner de nos nouvelles aussitôt arrivés à Rome; puis, se retournant du côté de ses gens, dont plusieurs assistèrent à cette scène de séparation, elle leur dit d'une voix émue : « Je sens que je ne les verrai plus... »

Ses pressentiments ne la trompaient pas...

Depuis ce moment jusqu'à celui de sa mort (trois ans), notre correspondance ne cessa pas : ce n'étaient plus des parents inconnus l'un à l'autre qui s'écrivaient avec la retenue et la réserve d'une relation récente et disproportionnée : le plus entier abandon présidait à l'échange et à la communication de nos pensées; et la réciprocité de nos sentiments, tout en effaçant les distances, ne faisait qu'augmenter le respect d'un côté, et la confiance de l'autre, heureuse émulation qui finit par établir entre cette noble femme et nous la plus douce et la plus proche des parentés, celle du cœur!

A dater de l'époque où nous quittâmes Sinigaglia, la santé de l'illustre veuve, sensiblement affaiblie par des crampes d'estomac qui l'avaient fort éprouvée l'année précédente, ne fut plus qu'un va-et-vient de hauts et de bas continuels; elle nous écrivait que, «*tout l'art de la personne chargée de son alimentation était impuissant à lui rendre l'appétit, et qu'il ne lui restait plus que la ressource des eaux, aussitôt que la saison en serait arrivée; serai-je ou ne serai-je pas en état de m'y rendre?* disait-elle, *je suis dans les mains du Seigneur; advienne de moi ce qu'il voudra, quant à la mort.., car pour la douleur, je ne serais peut-être pas d'aussi bonne composition.* »

Cependant, grâce à sa riche organisation, et à une crise réactive presque miracleuse, la princesse vécut encore trois ans pendant lesquels elle n'eut plus qu'une seule pensée, celle de se défaire de ses propriétés pour venir habiter, non Paris (elle n'y serait restée à aucun prix), mais dans ses environs, à portée de ses enfants.

Elle nous écrivait fréquemment à ce sujet, pour avoir le plan de quelque propriété à vendre dans notre voisinage. Je lui envoyai celui d'une charmante habitation à deux pas de la localité que j'habite depuis près de trente ans, et j'avoue que j'étais peu disposé à lui trouver des défauts.—La première condition fixée par la princesse était d'obtenir un délai de payement afin, disait-elle de pouvoir faire *quelques économies, si les brouillards de la Seine prenaient assez de consistance pour les lui permettre.* Elle ajoutait qu'elle donnerait un peu d'argent comptant.

Cette propriété semblait avoir été disposée tout exprès pour une personnalité telle que la princesse. Sans avoir précisément une apparence trop princière, elle eût abrité dignement la veuve de Lucien et la tante d'un Empereur... A égale distance de Brunoy et de Grosbois, elle eût été le point culminant de ces deux noms historiques [1].

1. Cette paisible et agreste habitation est devenue la pro-

L'occasion, on le voit, était on ne peut plus favorable, et la princesse eût acheté, comme on dit, la folie des autres.

Je fus trouver le notaire chargé de la vente, et, sans lui laisser soupçonner au nom de qui je me présentais, j'obtins l'assurance que les conditions de payement ne feraient aucune difficulté de la part du vendeur, pourvu que l'acquéreur offrît personnellement des garanties... Je répondis que son nom était fort connu, même du vendeur... Encore quelques préliminaires insignifiants, et le maintien de la santé de la princesse pendant une ou deux semaines, et l'affaire était conclue !

Elle eût pu l'être, même, sans cette dernière condition, car notre noble correspondante nous écrivit un jour, à propos de son désir de rentrer en France, que, « pendant quelque temps, elle s'était persuadée que nous lui étions assez attachés pour venir la prendre et l'amener presque de force amicale à gagner le pays. « Mais, ajoutait-elle, j'ai bien pensé que si vous ne l'avez pas fait, c'est que vous avez rencontré probablement de graves et véritables obstacles [1]. »

Cependant, une sombre et mélancolique anxiété,

priété de M. Rouher, ministre d'État, l'une des célébrités parlementaires de l'époque.

1. Ce n'est certes pas l'envie qui nous en a manqué; mais nous connaissions trop la grave responsabilité que l'on assume chaque fois que l'on déplace une personne âgée, pour nous livrer sans réflexion aux élans de notre dévouement pour cette noble femme.

semblable à la nuée d'où va se déchaîner la foudre, commençait à déteindre d'une manière sensible sur la correspondance de l'illustre veuve. L'idée de mourir loin de la France et de ceux qu'elle aimait lui était devenue insupportable, et chaque fois que ses misères physiques lui laissaient un peu de repos, elle revenait de nouveau à ses projets de départ. « Qu'il doit faire doux sous vos charmilles, nous écrivait-elle encore peu de jours avant sa mort, et combien je me sens attirée vers le paisible et joli séjour que vous habitez. » Et puis, elle ajoutait avec une touchante résignation : « Je vois bien que la pauvre chèvre doit brouter où elle est attachée. » Ensuite elle faisait un délicieux tableau de son jardin et des plaisirs qu'elle avait toujours trouvés à s'occuper de son parterre, et à voir fleurir ses liliacées. « Hélas ! s'écriait-elle, je n'irai plus avec mes amis respirer le parfum de mes fleurs. »

Et, pourtant, ceux qui l'entouraient ne trouvaient aucun motif à ses sombres préoccupations; car rien, dans l'extérieur de cette riche et puissante nature n'annonçait une fin prochaine. Le prince Pierre nous disait encore avec émotion, il y a peu de temps, qu'il avait la ferme conviction que, sans le choléra, sa mère eût certainement pu vivre trois à quatre ans de plus...

Mais l'illustre veuve était loin de partager les illusions de ses amis ; elle pressentait qu'elle serait victime du fléau qui décimait alors la Romagne, sans épargner aucun des malheureux sur lesquels il sévissait; et, trois jours avant d'en avoir éprouvé les premières atteintes, elle nous écrivait que, lors même qu'elle pourrait prendre ses jambes à son cou, elle ne partirait pas. « Je n'ai plus le temps, disait-elle, de soigner la grande édition de mes poésies, mais j'aurai peut-être celui de terminer celle que je destine à mes meilleurs amis avant que le fléau qui serpente autour de nous arrive jusqu'à moi. »

Hélas ! elle n'eut assez de temps ni pour l'une ni pour l'autre.

Après cette sinistre lettre, nous en reçûmes presque en même temps une seconde qui fut la dernière marque de la religieuse sollicitude de cette noble femme pour la mémoire de son mari ; la voici:

Casin de la Marine, 5 juillet 1855 [1].

« Je vous accable de mes missives, et j'espère que votre amitié ne s'en fatiguera pas trop tôt: voici, aujourd'hui, ce dont il s'agit, et que je ne vous explique pas davantage, vous renvoyant à la lettre ci-incluse [2] que je vous adresse sous cachet volant, afin de m'éviter de répéter ce qu'elle contient.

« Le sujet me tient assez au cœur pour que j'aie fait tailler ma plume, ce que je ne faisais plus depuis

1. Six jours avant sa mort.

2. Cette lettre était adressée à M. Alfred des Essarts, à ropos d'une notice sur Greuze, où l'auteur, retraçant la misère de ce grand artiste, avait oublié de mentionner les secours qu'il avait reçus de Lucien Bonaparte, alors ministre de l'intérieur.

longtemps, pour écrire à ce monsieur, que son oubli soit ou non volontaire.

« Après avoir recacheté cette lettre, je vous prie de la faire parvenir le plus tôt possible à M. des Esssarts, dont malheureusement je n'ai pas l'adresse. Vous comprenez qu'il est bon que M. des Essards reçoive ma lettre sans retard ; car, en telles réclamations, le réchauffé ne vaut rien.

« Nous avons toujours ici le grand choléra fulminant ; tout le monde part... Les déshérités sont toujours les plus maltraités [1]. »

Six jours après cette lettre on m'écrivait de Sinigaglia que la princesse de Canino venait de succomber à une attaque de choléra...

L'illustre veuve s'était fait conduire dans la matinée à son casin de la colline ; mais, avant d'y arriver, elle fut prise tout à coup de forts vomissements. Toutefois, cette crise parut la soulager un peu, et lui permit d'atteindre sa destination sans trop de difficultés ; mais elle se sentit à peine la force de descendre de la voiture.

Son médecin, qu'on avait envoyé chercher d'avance, arriva au casin presque en même temps que la malade : les soins qu'il lui prodigua semblèrent un moment laisser quelque espoir de la sauver ; mais quand il vit les traits de la princesse se décomposer et le

1. Il est très-remarquable qu'à chaque invasion du choléra il sévit particulièrement et avec intensité sur cette partie de la Romagne.

sueurs froides apparaître, il reconnut bien vite la gravité du mal : il fit comprendre aussitôt aux personnes qui étaient présentes que c'était le moment de faire venir le médecin de l'âme.

On s'empressa d'envoyer chercher celui que la princesse avait toujours désigné lorsqu'elle était en parfaite santé : elle-même fit signe à l'un de ses serviteurs de s'approcher, et, d'une voix presque éteinte elle lui donna l'ordre d'appeler le prêtre ; celui qu'elle avait choisi ne tarda pas à paraître, et, après avoir reçu les secours qu'elle en attendait et échangé quelques mots avec lui, elle fit un nouvel effort pour ajouter quelque chose ; mais la parole expira sur ses lèvres, et peu d'instants après elle rendit le dernier soupir.

Telle fut la fin de cette illustre et vénérable femme digne à tant de titres de l'héroïque famille à laquelle elle s'allia, digne surtout de celui dont elle partagea pendant quarante ans la bonne et la mauvaise fortune.

L'affectueuse confiance dont nous honora la veuve de ce grand citoyen, le plus trempé à l'antique qu'ait produit notre époque, sera le titre d'honneur de notre famille ; il lui rappellera que la noble femme qui daigna nous témoigner tous les sentiments d'une mère fut non-seulement la veuve de Lucien, mais encore l'une des plus belles gloires de son sexe [1].

Elle n'est plus... Ses yeux n'ont pu revoir la France,
Son dernier souvenir, sa dernière esperance !

1. Les restes mortels de la princesse ont été transportés à Canino et déposés près de ceux de son mari.

L'implacable fléau sur Ancône acharné,
Infiltra dans son sang son souffle empoisonné
Et quand le ciel allait réaliser son rêve,
La mort vint la frapper de l'homicide glaive.
Ancône gardera longtemps son souvenir;
La Romagne la pleure, et la race à venir,
Voyant son nom inscrit au temple de mémoire,
Rappelant ses vertus, son mérite et sa gloire,
Dira qu'elle vécut en princesse de bien,
Et qu'elle sut mourir en veuve de Lucien.

Pensées philosophiques extraites de la correspondance de la princesse de Canino.

On doit tenir à ses aïeux plus par sentiment que par orgueil.

Il est bon d'oublier, avec les êtres qui nous sont chers, que la fatale séparation est inévitable ; sans cela, la société de ceux qu'on aime serait la plus triste de toutes.

La plus grande des faiblesses, même pour une femme, c'est de cacher son âge.

La vertu et le calme de l'âme prolongent la saison de la beauté.

Les amitiés sincères commandent la franchise.

L'intérêt matériel endurcit le cœur et rabaisse l'esprit.

Le romanesque peut être fort raisonnable.

Faire écrire en son nom, quand on est malade, est plus alarmant que le silence.

Ce n'est pas la mort qui est à craindre, ce sont les souffrances qui, trop souvent, la précèdent.

Tout procès qui traîne en longueur finit par rendre le criminel intéressant.

On a généralement beaucoup plus d'indulgence pour le crime que pour les égarements de la politique.

Où l'intérêt personnel ne se fait-il pas sentir?

Quand la tombe se referme pour le vieillard, il doit se dire que ce n'est pas pour longtemps.

Quand les déshérités meurent, ils rentrent dans l'héritage commun.

On doit chérir ses amis à la manière des légitimistes, c'est-à-dire quand même.

Le classique n'est plus de mode, mais la mode peut avoir tort.

La société d'un pays fait une partie bien essentielle de l'atmosphère morale, même quand on ne la fréquente pas.

La fréquentation du monde ferme le cœur et ouvre l'esprit.

Les morts ont raison de ne pas revenir.

Intéressantes particularités de la jeunesse de Lucien.

Parmi les fils de Charles Bonaparte, Lucien avait été destiné à la prêtrise, sans qu'il ressentît une vocation très-prononcée pour cet état; aussi, le jeune Corse ne tarda-t-il pas à se débarrasser un beau matin de ses habits de prêtre pour se livrer à son aise au culte de la famille et de la liberté, et, peut-être encore, à ce sentiment instinctif des grandes choses dont les membres de cette glorieuse famille ont toujours été si profondément pénétrés.

Toutefois, l'attachement respectueux que le jeune Lucien avait pour son frère Joseph et sa vive tendresse pour sa petite sœur Paulette (Pauline) l'attiraient malgré lui vers les douceurs du foyer domestique.

Il n'en était pas de même de son frère Napoléon, qui venait d'être nommé lieutenant et ramenait en Corse une de ses sœurs à la suite de la suppression des couvents. A son retour dans sa famille, Napoléon trouva Lucien étroitement lié avec le général Paoli qui, de son côté, lui portait le plus vif intérêt et l'appelait son petit philosophe. Les manières simples et naïves de son jeune ami devaient convenir à la nature franche et primitive du général corse. Cette mutuelle sympathie fit de Paoli le Mentor ou plutôt le directeur des idées politiques de Lucien, idées qu'il conserva jusqu'à la fin de sa noble carrière. Il ressentait, comme son maître, un vif amour pour son pays, et consacrait tout son temps au culte de la liberté et de la patrie.

L'occasion de donner de l'essor à ces idées se présenta bientôt. — On était alors en plein vent révolutionnaire, à l'une de ces époques fiévreuses où le peuple ne veut plus s'inspirer que de lui-même... Lucien ne pouvait rester indifférent aux patriotiques préoccupations de ses concitoyens : il assistait avec assiduité aux assemblées populaires, ne soupirant qu'après le jour où il pourrait proclamer en public les grands principes qu'il avait sucés à l'école de Paoli.

Il s'agissait alors de l'avenir et de l'indépendance de la Corse, question qui faisait le sujet de toutes les réunions politiques du moment. Lucien, se trouvant un jour dans l'une de ces assemblées ne crut pas qu'une aussi belle cause fût assez énergiquement défendue; il réclama à l'instant son droit à la parole, et plus ému qu'il ne le paraissait, le jeune orateur s'exprima avec une énergie qui impressionna vivement l'auditoire : c'est qu'il s'était inspiré de Bodin et des hommes de l'antiquité dont il faisait sa lecture habituelle. —Son succès fut complet, surtout quand il fit le tableau de la mort d'un prêtre corse, le curé de Guagno, qui se laissa mourir de faim au fond d'un ravin plutôt que de se rendre. Aussi, à peine l'orateur eut-il cessé de parler, que les assistants s'emparèrent de lui et le portèrent en triomphe.

Tandis que ces choses se passaient en Corse, le drame révolutionnaire prenait en France des proportions effrayantes : le retour de Varennes, le jugement du roi et l'exécution de ce malheureux monarque étaient déjà des faits historiques, lorsque la nouvelle de la mort de Louis XVI se répandit dans l'île.

Elle y produisit la plus vive impression ; car la Corse, bien qu'animée alors des sentiments révolutionnaires à l'ordre du jour, se montrait avant tout préoccupée de sa propre indépendance et très-peu des avantages que la Révolution croyait retirer de la mort du souverain.

Paoli, à la nouvelle de cette terrible journée du 21 janvier, ne put contenir son indignation ; il s'emporta publiquement contre les juges de la Convention, les qualifiant d'assassins, et il ne paraît pas que le temps ni la réflexion aient jamais pu calmer son irritation ; car, à dater de ce moment, l'histoire ne le compte plus que parmi les ennemis de la France.

On pourrait penser, toutefois, que la première cause de la défection de Paoli fut une conversation intime qu'il eut avec Louis XVI, quelque temps avant le déchaînement des passions populaires : cet entretien a trop d'importance et offre trop d'intérêt au point de vue historique, pour ne pas le mentionner ici. Le voici, tel que nous l'avons trouvé dans les écrits de Lucien.

« Louis XVI. — Parlez-moi sincèrement, général; dans la situation actuelle, quel est le gouvernement qui convient le mieux à la France, de la république ou de la royauté? Quant à moi, continua le roi, je vous déclare que si j'étais bien persuadé que ce fût le premier, demain je quitterais le trône, et simple citoyen, je voudrais jouir paisiblement du bonheur de la France : mais je n'ai pas cette idée, tant s'en faut!

et quoique tout m'annonce les tendances nationales à la république, je crains fort que les bons Français ne soient entraînés plus loin qu'ils ne voudraient.

Et, comme Paoli paraissait méditer sa réponse, le roi ajouta avec vivacité : Répondez donc, général.

— Sire, s'écria alors Paoli, permettez-moi de vous dire que vous êtes le meilleur cœur qu'il y ait au monde...

— Mais vous ne répondez pas, reprit Louis XVI.

— Eh bien ! sire, dit alors le général, je crois que lorsqu'un pays est simple, petit, primitif dans ses mœurs comme le mien, la forme républicaine est la meilleure, mais quand il est vieux dans la civilisation, de grande étendue et que le luxe l'a pénétré jusqu'à la moelle, la république n'est plus possible. »

Tel fut cet entretien qui, d'après Lucien, dut modifier sensiblement la conduite ultérieure de Paoli[1].

Quoi qu'il en soit, l'extrême irritation du général corse ne pouvait que rejaillir sur la famille de son jeune ami, dont l'un des frères avait ouvertement embrassé la cause populaire. Cette famille avait trop d'influence dans le pays pour que Paoli ne s'efforçât pas de lui faire déserter le drapeau de la France. Aussi ne manqua-t-il pas d'employer tous les moyens possibles pour décider les Bonaparte à faire cause commune avec lui : il alla même jusqu'à les menacer de la vengeance corse... Mais Joseph, en sa qualité

1. Il est notoire aujourd'hui que Paoli voulait être vice-roi à la place de lord Elliot.

d'aîné de la famille, ne voulut jamais condescendre aux désirs du général : il éprouvait, ainsi que sa mère, la plus vive répugnance à se séparer de la France.

Quant à Lucien, à peine sorti de l'adolescence à cette époque, il flottait entre l'amour de son pays et son ami ; car, sans partager les opinions de Paoli, il se sentait malheureux de compter parmi les ennemis de la France celui qui lui avait donné les premières notions de liberté et auprès duquel il avait promis de se rendre, à Rostino : « Je lui ai donné ma parole, répétait Lucien à sa mère ; que pensera le héros ? »

Letitia, qui prévoyait les suites inévitables du retour de son jeune fils auprès de Paoli, faisait tous ses efforts pour le retenir ; mais Lucien ne lui répondait que par des sanglots ! « Vous êtes mineur, lui dit cette bonne mère, vous n'avez pas le droit de disposer de vous sans mon autorisation... » Enfin, la résistance de Lucien fut si vive qu'elle détermina Joseph à arrêter la conduite de son frère dans un conseil de famille, à la suite duquel on rédigea une lettre pour être envoyée, à titre d'excuse, à Paoli, au nom de son jeune ami. Lucien fut obligé de se résigner.

Depuis cette circonstance, il devint triste et pensif ; et, sans la consolation qu'il trouvait dans sa tendresse pour sa sœur Paulette, il aurait certainement succombé sous le poids de sa mélancolie. Rien, en effet, n'égalait l'affection que ces deux enfants ressentaient l'un pour l'autre, sentiment qui leur rendait moins dure l'austérité politique de leur famille.

Souvent, la pauvre Paulette qu'on avait l'habitude de renvoyer chaque fois qu'on s'entretenait des affaires publiques, allait se plaindre à son jeune frère d'être ainsi renvoyée comme une domestique, et Lucien la consolait toujours par un redoublement de démonstrations affectueuses.

Ce sera une belle page pour l'histoire de la famille Bonaparte que cette résistance à l'influence et aux menaces de Paoli, circonstance qui prouve suffisamment que cette maison fut toujours portée pour la France, sans en excepter le père de cette illustre famille, lequel, malgré son étroite liaison avec le général corse, eût été assurait toujours Joseph, pour le parti français; on pourrait même croire, d'après ce qui suit, que, de toute la famille Bonaparte, celui qui tenait alors le plus à ce parti n'était pas le grand capitaine qui devait un jour gouverner si glorieusement la France, car Napoléon venait de rentrer en Corse pour se plaindre à sa famille de l'injustice du gouvernement français à son égard, disant qu'on ne lui avait donné qu'un grade provisoire, seulement pour la circonstance ; il ajouta que si on ne le maintenait pas, il saurait bien avoir satisfaction de cette injustice; qu'il y avait disette de bons artilleurs aux Indes, une fortune à faire, et peut-être à devenir grand nabab[1]...

1. Il est évident, dit M. de Lamartine, dans son *Voyage en Orient*, que Bonaparte était l'homme de l'Orient, et non l'homme de l'Europe.

Napoléon n'avait pas que la prétendue injustice du gouvernement français pour sujet de mécontententement; il était, en outre, profondément blessé des menaces que Paoli adressait à sa famille, et ne cessait de répéter avec une ironie concentrée: «Ah! il a dit cela: Eh bien! nous verrons....»

Mais revenons à Lucien, à qui l'on proposa de se rendre en France au sein d'une société populaire. Le jeune patriote accepta avec empressement cette proposition, et se mit aussitôt en route avec un certain Villemansi, qui devait le recommander au général Carteau. Cette recommandation valut au jeune Corse l'emploi de garde-magasin des vivres à Saint-Maximin, avec un appointement de douze cents francs.

A leur arrivée à Marseille, ils entrèrent par hasard dans un café où se faisaient entendre les propos les plus révolutionnaires. Lucien, porté naturellement à la douceur et à la modération, fut péniblement impressionné par les atrocités que laissaient échapper les énergumènes rassemblés dans ce club. Il se livra alors à de tristes réfexions sur les conséquences des passions politiques; mais il fut bientôt distrait de sa rêverie par la soudaine exclamation de l'un des assistants, lequel, en montrant du doigt un homme qui était à bord d'un navire, dit à ses compagnons: «Regardez donc la vilaine grimace de celui-là.... Et cet autre, comme il a l'air gai.»

Au même instant tous ceux qui étaient présents, et

nos deux Corses comme les autres, dirigèrent leurs regards sur le navire où avait lieu une exécution ou plutôt une boucherie d'une vingtaine d'individus. — A la vue d'un si horrible spectacle, Lucien détourna les yeux, et comme un homme qui s'accuse presque de complicité par le fait seul de sa présence, il sortit précipitamment du café, en entraînant son compagnon d'un autre côté.

Là, un spectacle bien différent vint frapper leurs regards; c'était l'arrivée d'un bateau fuyant la Corse, et entrant dans le port après avoir essuyé la plus affreuse bourrasque — Les passagers de ce malheureux navire étaient plus morts que vifs, et n'avaient pas cessé. pendant tout le trajet, de redouter d'être engloutis par les flots ou de tomber dans la main des Anglais.

Parmi les voyageurs se trouvait la famille Bonaparte, pour qui le séjour de la Corse était deveuu si dangereux qu'elle avait dû prendre le parti de l'abandonner.

DEUXIÈME PARTIE

SOUVENIRS DE 1814 ET 1815

LE PRISONNIER DE L'ILE D'ELBE

Pendant que le nord de la France était envahi par les armées coalisées et que déjà la capitale était menacée, Lyon se préparait à opposer une vigoureuse résistance aux Autrichiens qui débouchaient par la Suisse. — Sur toute la frontière de l'Est, on ne voyait que soldats et convois militaires s'avançant comme des oiseaux de proie sur l'industrieuse cité. — Que pouvaient faire le courage et le patriotisme de la brave population lyonnaise, contre ces myriades d'envahisseurs? Et pourtant, quelle intrépidité, quelle ardeur belliqueuse dans cette héroïque phalange de partisans imberbes courant à l'ennemi comme de vieux guerriers. —Lyon se souviendra longtemps de ces vingt jeunes gens rentrant dans la ville avec cent prisonniers autrichiens conduits deux à deux à travers la foule que la promenade du dimanche avait attirée sur le magnifique quai Saint-Clair. Nous croyons voir encore cette bande de soldats déguenillés, graisseux et abrutis par le bâton, surpris d'être traités comme des hommes. — Le succès de cette journée fut une véritable fête pour les Lyonnais ; car, à l'exception de quelques familles d'émigrés, personne alors ne songeait à la politique ; un seul sentiment animait l'industrieuse population, celui de la défense. — Le soir, toutes les maisons furent illuminées comme par enchantement; l'éclat des lumières était si vif qu'il parvint jusqu'aux lignes ennemies.—Le baron Mylius, qui commandait alors l'armée autrichienne, en fut si fortement saisi qu'il fit rétrograder son monde jusqu'à l'extrême frontière, ne se croyant pas assez en force pour affronter le péril que lui présageait une si imposante manifestation; le général autrichien passa tout le reste de la nuit à déployer son armée sur un immense rayon, de manière à pouvoir envelopper la ville de tous les côtés. Hélas! il est triste de le rappeler, l'illustre guerrier à qui avait été confié le commandement de la place aurait pu facilement contrarier les mouvements de l'ennemi en échelonnant ses troupes autour de la ville, au lieu de les rassembler sur un seul point, comme si Lyon n'eût été à découvert que d'un seul côté: on ne songea pas même à garnir les hauteurs qui dominent immédiatement la ville, puisque ce fut la garde nationale qui prit l'initiative de l'occupation de celles qui bordent la Saône depuis Vaize jusqu'au coteau de Sainte-Foy; plus de vingt mille hommes se trouvaient sous les murs de Lyon, et ces vingt mille hommes de troupes fraîches et aguerries, habilement dirigés, et secondés par la milice urbaine et les corps francs, auraient pu retarder, sinon empêcher, la prise de la place.

La ville offrait alors le spectacle le plus étrange : la veille même de l'entrée des Autrichiens, les habitants étaient ou croyaient être en pleine sécurité, chacun vaquait à ses occupations comme en temps ordinaire; on ne paraissait pas plus s'attendre à devenir la proie de l'étranger que s'il eût été encore au delà du Rhin; en un mot, tout le monde ignorait qu'entre la ville et l'ennemi on ne comptait qu'une étape. Cependant le bruit du canon s'étant tout à coup fait entendre,il n'y eut plus moyen de révoquer en doute le voisinage des alliés — Au calme et à la sécurité succédèrent aussitôt l'inquiétude et l'agitation; on ne vit bientôt dans les rues que chevaux, caissons et machines de guerre; le peuple suivait la troupe, sans armes, mais décidé par instinct, et sans savoir trop comment, à résister à l'invasion. Le même sentiment, mêlé d'un peu de curiosité, nous entraîna au milieu des citoyens qui marchaient avec l'armée : mais le bruit du canon se rapprochant de plus en plus, dispersa subitement cette foule incommode à la manœuvre. — Le maréchal Augereau, près duquel nous étions dans ce moment, semblait à peine s'apercevoir du passage des boulets qui frisaient sa monture. Il y avait réellement deux natures dans cet intrépide soldat, calme et impassible en face du danger autant qu'imprévoyant avant l'action, bien qu'il ne l'ait pas toujours été, ainsi que l'atteste l'une de nos plus glorieuses pages militaires. — La foule partie de Lyon avec la troupe se trouva donc réduite à un petit nombre de curieux que la nuit obligea de rentrer dans la ville, laissant le maréchal au milieu de son monde rangé en bataille. — Le lendemain, nous revînmes au point du jour nous réunir à ces braves soldats que l'impatience de combattre commençait à faire murmurer... Le soldat français n'enfreint jamais la discipline que par impatience d'aller à l'ennemi... Nous traversâmes la ville en nous heurtant à chaque pas à des litières et des voitures chargées de blessés.

En entrant dans le faubourg de Vaize, nous vîmes étendus sur la route plusieurs cadavres encore chauds de ces intrépides canonniers toulonnais dont Augereau faisait si grand cas. Au moment où nos regards étaient tristement fixés sur ces malheureux, nous entendîmes tomber derrière nous comme une masse un de ces Toulonnais, frappé en pleine poitrine par un biscaïen, le pauvre diable, se soulevant légèrement avant de rendre le dernier soupir, s'écria en patois provençal : *M'én pà mancà!* « Ils ne m'ont pas manqué! » admirable expression du calme avec lequel ces courageux artilleurs recevaient la mort...

Mais nous n'avons pas l'intention de nous étendre sur les désastres qui accompagnèrent la première invasion de la seconde ville de l'Empire; ce qui nous importe le plus ici, c'est de retracer quelques scènes peu connues de ce drame terrible qui devait finir par la chute du maître du monde, et ajouter à notre histoire la funeste et glorieuse page de Waterloo.

Enfin la paix arriva, escortée d'innombrables phalanges ennemies. Le premier acte de l'étranger, en souillant le sol de la France, fut d'envoyer en exil l'homme extraordinaire qui avait fait trembler l'Europe pendant un quart de siècle. — Son passage à Lyon, pour se rendre sur le rocher que devait immortaliser une si grande infortune, fut marqué par plusieurs incidents dont nous avons été témoins, et que ne liront pas sans intérêt tous ceux qui aiment à considérer jusque dans ses détails la grande figure historique qu'une miraculeuse transformation a remise en évidence.

La ville de Lyon, attachée peut-être plus qu'aucune autre à la personne du souverain, qui avait de son côté pour cette seconde capitale de la France une prédilection marquée, s'apprêtait à acceuillir le soldat malheureux avec la sympathie que ses habitants lui montrèrent toujours. La majeure partie de la population accourut au-devant de l'illustre exilé; les plus fidèles au malheur allèrent jusqu'à Tarare, où ils furent admis à fraterniser avec les vieux grenadiers de la garde, en présence de l'Empereur. Militaires et citoyens revinrent bras dessus bras dessous, jusqu'à Lyon, ou plutôt jusqu'à la Guillotière; car l'autorité, redoutant à juste titre une manifestation populaire et surtout un conflit avec les Autrichiens, qui étaient maîtres absolus de la ville, avait cru prudent de consigner le bataillon sacré dans le faubourg, auquel on donna, par suite de cette circonstance, le surnom de l'île d'Elbe: mais les précautions municipales n'eurent qu'un résultat négatif et n'empêchèrent pas la moitié de la jeune population de se porter en foule au delà du fleuve et de passer vingt-quatre heures avec les vieux débris de nos armées.

Un fait presque incroyable, si tout Lyon n'en eût été témoin, va donner une idée de la bravoure et de l'intrépidité de ces huit cents soldats dévoués, accompagnant leur capitaine dans l'exil; quand on connaîtra ce qui suit, on ne sera plus surpris que cette vaillante garde impériale, qu'une heureuse inspiration a rétablie quarante ans après, ait souvent combattu victorieusement un contre dix.

Nous venons de dire que l'autorité lyonnaise, dans la prévision d'une rencontre sanglante avec les Autrichiens, avait consigné le bataillon sacré dans le faubourg de la Guillotière; mais, pour s'y rendre, il fallait traverser la ville et cette fameuse place de Bellecour dont les abords étaient garnis de soldats autrichiens portant tous le rameau traditionnel à leurs shakos[1].

Au moment où la garde défilait devant la troupe étrangère, tous ces héros de la Grande Armée, par un mouvement aussi prompt que l'éclair, rompirent leurs rangs, et, s'élançant comme des lions sur les groupes ennemis, arrachèrent du front tudesque l'insultant emblème qui les offusquait; ce coup de main fut si rapide et surtout si spontané que les chefs autrichiens, voyant déjà les baïonnettes se croiser, donnèrent immédiatement l'ordre d'enlever les rameaux qui avaient échappé à l'intrépidité des assaillants, et s'empressèrent eux-mêmes d'enlever celui qui décorait leurs têtes. En un clin d'œil, les rangs français se reformèrent comme par enchantement, et le bataillon sacré reprit aussi paisiblement le chemin du faubourg que s'il ne se fût rien passé d'extraordinaire; tout cela fut l'affaire de quelques secondes, tant avait été électrique le sentiment d'indignation que provoqua dans le cœur de cette poignée de braves l'aspect humiliant du rameau présomptueux. — Une aussi héroïque manœuvre ne pouvait manquer d'enflammer toutes ces jeunes imaginations; aussi chacun voulut-il aller serrer la main aux braves grenadiers dont l'audace venait d'intimider une garnison de trente mille hommes. On passa le

1. On sait que les troupes autrichiennes ont l'habitude en campagne de fixer un rameau de buis sur le sommet de leurs shakos.

reste de cette mémorable journée et la nuit qui la suivit au milieu des plus cordiales et patriotiques démonstrations.

Le même jour, un fait particulier, mais non moins héroïque que le précédent, porta à son comble l'admiration des Lyonnais pour ces terribles et fidèles soldats de la garde. L'un deux, brûlant de se mesurer avec quelque Autrichien, traversa le pont de la Guillotière et pénétra, malgré la défense de l'autorité, dans le cœur de la ville, parcourant seul, le sabre nu et le bonnet sur l'oreille, tous les quais et les principaux quartiers, coudoyant les patrouilles ennemies et terrifiant du regard les officiers qui marchaient à leur tête; la foule qui le suivait tremblait à chaque pas de le voir massacrer et se pressait autour de lui dès qu'elle apercevait une patrouille autrichienne. Le courageux grenadier fit ainsi le tour de la ville sans dévier de la ligne droite, et, chose incroyable, il put rentrer le soir à la Guillotière intact et sans avoir eu maille à partir avec personne. — Il ne faut plus s'étonner si, avec de pareils hommes, le grand capitaine, qui savait les conduire et les électriser, fit de si grandes choses... Le lendemain, tous ces braves soldats quittèrent le faubourg avant le lever du soleil et prirent tranquillement la route de Provence, pour gagner ce rocher de l'île d'Elbe, où ils ne devaient pas séjouner plus de six mois, après lesquels apparut cette fameuse époque des Cent-Jours, dont l'histoire est trop connue pour qu'il puisse nous venir à l'idée d'en rappeler de nouveau les tristes et glorieux épisodes.

Toutefois, on nous permettra de rapporter encore quelques détails relatifs au passage à Lyon du colosse un instant renversé, mais se relevant bientôt plus audacieux que jamais, reparaissant, après six mois d'exil, sur le sol de la patrie sans que personne s'attendît à cette miraculeuse apparition.—Notons cependant que l'intime conviction de tous les visiteurs de l'île d'Elbe était que le prisonnier ne tarderait pas à s'échapper. Le narrateur de cet épisode se souvient même que l'un de ses concitoyens[1] qu'une profonde sympathie pour la personne de l'Empereur avait attiré dans cette île dans un moment où il n'était pas

1. Mon frère, étant comme la plupart des jeunes gens de de cette époque, enthousiaste admirateur de Napoléon, s'était rendu à Porto-Ferraio pour voir l'illustre proscrit à qui il eut l'honneur d'être présenté le 24 octobre 1814, sur son seul titre de Lyonnais, en présence de Drouot et de Cambronne.—En voyant le jeune visiteur, l'Empereur lui demanda quelle était la personne qui rédigeait les proclamations du maire de Lyon dont l'une l'avait particulièrement frappé par son style adulateur.—C'est sa femme, sire, répondit mon frère avec un très-grand sérieux. — Ah! fit l'Empereur, en échangeant un sourire avec les deux généraux présents; puis il se retira.—Il faut qu'on sache que ce maire, que nous ne voulons pas nommer, avait été promu à la mairie de Lyon par le gouvernement impérial quelque temps avant la chute de 1814, et qu'il le fut encore après par le roi : c'est alors que, voulant expliquer cette double position, il eut la malheureuse idée d'insérer dans une proclamation la phrase suivante : *Nous aiguisions en silence les armes que la tyrannie avait mises dans nos mains...*

très-prudent de s'y montrer ne faisait aucun doute du prochain débarquement de l'Empereur et tout Porto-Ferraio a partageait cette conviction ; il paraît même que Cambronne ne dissimulait nullement ses préparatifs de départ, et qu'il faisait souvent allusion à son prochain retour en France au milieu de ses compagnons de captivité. — La nouvelle du débarquement de Napoléon n'en produisit pas moins l'effet de la foudre ; personne n'osait y croire, et les proclamations du golfe Juan ne suffirent pas à persuader les incrédules; mais celles de Grenoble achevèrent de dissiper tous les doutes; ce n'était point une fiction, l'Empereur, le lion d'Austerlitz, le héros de tant de batailles était rentré en France ; c'était un prodige, une divinité que chaque population, chaque citoyen voulait saluer et contempler. — Son entrée à Lyon fut réellement une journée de bonheur et de fête; toutes les affaires furent suspendues, tous les magasins fermés; on ne s'occupait que de l'illustre revenant ; on avait cru cette gloire éteinte et livrée prématurément à l'oubli, car la gloire a cela de triste qu'elle résiste rarement à l'oubli contemporain; mais six mois de sommeil de ce génie maître des destins avaient suffi pour réveiller l'enthousiasme des grands jours et devancer le jugement de la postérité; et quand les regards s'arrêtaient sur cette tête taillée à l'antique, l'observateur ébloui hésitait entre l'homme et le demi-dieu !

Nous croyons la voir encore, cette grande ombre

historique traverser à cheval une foule immense et compacte, serrer cordialement les mains aux milliers de curieux qui se précipitaient sur son passage, prononçant force phrases saccadées, énergiques et enivrantes, dont chaque oreille put saisir quelques mots. Aucune de ces paroles mémorables n'est sortie de notre souvenir ; les voici, exactes, précises, telles en un mot qu'elles se sont échappées de cette bouche immortelle, en traversant la place de Bellecour : « Me voilà, mes amis... cela ne pouvait durer plus longtemps... Ils ont trahi la France... ils l'ont humiliée... l'Autriche m'a indignement trompé, moi qui pouvais l'anéantir... Mais tout s'arrangera bientôt; nous sommes toujours les Français ; mes soldats, mes braves de la garde, sont toujours invincibles... Nous saurons bien imposer la paix à nos ennemis : maintenant, il faut marcher sur Paris, j'y trouverai aussi des Français comme ici, comme à Grenoble, comme partout. » Et chaque mot, chaque phrase, chaque geste donnait à cette foule fascinée par le génie d'un homme une impulsion d'enthousiasme qui, d'un bout de la ville à l'autre se propageait avec la rapidité de l'éclair. Le même enthousiasme accompagna l'hôte impérial jusqu'au palais de l'archevêché, où, du balcon qui fait face à la Saône, il prononça encore quelques paroles qui furent applaudies avec transport par ceux qui purent les entendre.

Un si affectueux et si retentissant accueil de la part d'une population pour laquelle, ainsi que nous l'avons dit en commençant cette relation, l'Empereur avait toujours éprouvé une sympathie particulière, était bien fait pour justifier à ses propres yeux le sentiment de préférence qui l'animait et dont il donna une nouvelle preuve dans la courte et cordiale proclamation qu'il adressa aux habitants de cette industrieuse cité, avant de les quitter, et qui finissait ainsi. « Adieu, Lyonnais, je vous aime... » Cependant, l'infatigable empereur, malgré l'accueil enivrant qu'il venait de recevoir à Lyon, ne songeai guère à s'endormir dans sa bonne fortune; il voulut passer immédiatement la revue du petit noyau de soldats qu'il avait recrutés depuis Grenoble[1].

1. Nous assistâmes à cette imposante revue, présente encore à la mémoire de tous les Lyonnais de notre âge; mais une circonstance qui nous est personnelle en a gravé particulièrement le souvenir dans notre esprit.

Alors, comme aujourd'hui, la magnifique place d'armes où se passait la revue dont nous parlons était entourée de cavaliers chargés de contenir la foule qui, sans cette précaution, eût envahi l'espace réservé à la manœuvre. — Au milieu de cet espace se trouvait l'Empereur : il était à pied, vêtu de sa redingote grise, entouré d'une vingtaine d'officiers supérieurs tenant tous l'épée à la main, la pointe en l'air, et paraissant écouter avec une attention religieuse les paroles qu il leur adressait. Ne pouvant résister au désir de contempler de près les traits de l'Empereur, je profitai du moment où l'un des cavaliers qui contenait les curieux s'était relâché de sa surveillance, pour franchir l'espace qui me séparait de l'état-major impérial. Le dragon m'ayant bientôt aperçu se lança au galop dans ma direction ; mais, grâce à mes jambes de seize ans, je touchai barre avant lui. L'Empereur, me voyant poursuivi et serré de près par le cavalier, s'écria vivement : *Laissez donc ce jeune homme, puisqu'il a pu pénétrer jusqu'ici,*

La réunion de cette troupe fidèle eut lieu sur cette même place de Bellecour où, quelques mois avant, s'était passée la scène étrange et héroïque que nous avons rapportée. Une brume des plus épaisses avait tout à coup succédé à l'éclatant soleil de la veille; grêle, neige, pluie, vent, éclairs, se déchaînèrent à l'envi sur les braves compagnons de l'intrépide empereur qui parcourait leurs rangs au galop, le dos voûté et la tête baissée, afin de se garantir des grelons que le vent lui lançait en plein visage.

Le lendemain de cette orageuse revue, l'Empereur se préparait déjà à poursuivre sa route vers la capitale; mais, pour céder au désir de la population, il consentit à différer d'un jour son départ de Lyon. Les autorités de la ville ne manquèrent pas de mettre à profit ce court délai pour montrer zèle et dévouement au maître futur... Elles préparèrent dans la salle du grand théâtre une brillante réception à laquelle le petit monde, comme on dit en province, ne futpas convié; mais ces messieurs avaient compté sans leur hôte, car l'Empereur ne parut pas... Qu'on s'imagine le désappointement de cette foule de dévouements improvisés, attendant jus-

qu'il y reste. Ensuite, il reporta ses regards sur les officiers, et leur dit : « Allons, messieurs, il faut passer la revue, à l'instant même, car le temps menace... » Aussitôt tout le groupe se dispersa et l'Empereur monta à cheval.

Si on lui eût dit que ce jeune échappé de la foule était allié à l'un de ses frères, à coup sûr sa surprise eût été grande.

qu'à minuit le héros de la fête qui ne songeait probablement qu'à poursuivre sa marche sur la capitale! L'événement faillit prendre les proportions d'une émeute parmi la petite aristocratie lyonnaise, et l'on tâcha par toutes sortes de rumeurs souterraines malveillantes et mensongères de paralyser l'enthousiasme de la population; mais le bon sens des masses ne se laissa pas prendre aux calomnieuses inventions des courtisans du lendemain, et, de tous les côtés, on entendait dire avec cet accent traînard et sardonique de l'ouvrier lyonnais, que le *Petit Caporal* avait oublié de lire l'affiche du spectacle... On en était encore aux réflexions et aux commentaires, et déjà l'aigle impétueux avait pris son vol dans la direction des tours de Notre-Dame où l'attendait, comme à Lyon, le plus vif entraînement populaire.

SOUVENIRS DE ROME

LÆTITIA AU COLISÉE.

En attirant l'attention du lecteur sur quelques souvenirs de Rome, nous n'avons nulle envie d'ajouter une relation de plus à toutes celles dont les voyageurs accablent chaque jour le public, surtout depuis que la cité des Césars n'est plus qu'à quelques heures de Marseille. Il serait aujoud'hui tout aussi puéril de faire la description du Capitole, du Colisée et de Saint-Pierre, que celle du Louvre ou du Panthéon; mais ce qui n'est pas défendu, c'est de raconter en passant les sensations qu'on a éprouvées à la vue de ces gigantesques monuments de la gloire italienne; car, qu'il s'agisse de l'imposante coupole de Michel-Ange, ou de la majestueuse immensité du Cirque; qu'il s'agisse des papes ou des césars, c'est toujours aux enfants de l'Italie que revient l'honneur d'avoir doté le genre humain de toutes les merveilles qui couvrent l'heureux sol de la Péninsule.

Avant de connaître Rome, je m'étais figuré, comme bien d'autres, une Rome littéralement antique, et je dois ajouter que les abords de cette grande métropole de la chrétienté répondent assez bien à l'idée qu'on s'en fait habituellement. Rien n'accuse davantage les traces d'une splendeur éteinte que les environs de Rome. En effet, la campagne romaine n'est autre chose qu'un vaste désert parsemé de ruines et des débris de l'ancienne voie Appienne: on ne croirait jamais, en traversant pour la première fois cette plaine désolée, qu'on est à la porte d'une immense et magnifique ville moderne où l'on est tout surpris de trouver les habitudes, la vie et le mouvement qu'on rencontre dans toutes les autres capitales. Il en résulte que cette brusque transition de l'antique au moderne a quelque chose de consolant qui relève le cœur attristé par le désolant aspect des environs de Rome; c'est une espèce de résurrection après quelques instants de langueur et de léthargie. Ce réveil; au surplus, ne s'accomplit jamais sans rehausser la gloire de l'Italie, et sans rendre plus palpable encore la parenté des Romains modernes avec les anciens. Il faudrait être complétement étranger aux plus petites notions de la langue latine pour ne point reconnaître au premier abord la grande analogie de l'idiome italien avec sa sœur aînée. Mais ce qui indique encore plus la parenté des deux époques, c'est la conformité des traits, des noms et des mœurs anciennes avec les traits les noms et les habitudes des Romains d'aujourd'hui. La fréquentation des musées italiens vous donne de la physionomie des anciens Romains une telle habitude qu'on finit par s'identifier avec les beaux types de leur temps et par reconnaître que tous ces grands noms de l'antiquité qui décorent par milliers les vastes galeries de Florence, du Vatican et de Naples, les Tibère, les Néron, les Marc-Aurèle, les Trajan, les Cornélie, les Messaline, ont une analogie frappante avec le type italien de nos jours. Combien de fois n'ai-je pas reconnu dans les traits d'un campagnard ou d'un postillon romain; dans leur barbe artistement contournée, le noble visage d'un Adrien ou d'un Antonin, et dans la mâle attitude d'un oisif de la place Navonne, la pose musculeuse et fière d'un gladiateur. C'est surtout dans la campagne romaine qu'on peut remarquer ces analogies, et particulièrement chez les femmes; on ne dirait certainement pas que vingt siècles les séparent de leurs aînées : c'est le même contour de visage, le même regard, la même chevelure, la même fierté que l'on admire dans les bustes des Tullie, des Octavie, des Faustine et de tant d'autres qui remplissent de leur antique majesté les monuments et les palais de Rome.

Lorsque vous rencontrez l'une de ces belles Sabines au bord d'une fontaine antique, portant sur sa tête la véritable amphore romaine, alors l'illusion est complète ; vous vous croyez aux temps des Camille et des Scipion.

Quant aux mœurs actuelles, elles n'offrent pas moins d'analogie avec les habitudes de la vieille Rome. Au lieu d'un césar pontife, c'est un pontife césar; au lieu du Cirque, c'est le théâtre, et l'on peut dire que c'est toujours le Cirque, puisqu'à certaines époques il sert encore de lieu de réunion à de grandes solennités; au lieu du temple, c'est l'église ;—la plèbe, c'est le Transtevérin ;—les bouchers avec leurs longues robes blanches, maculées de sang, ce sont les sacrificateurs ;—les débitants de boissons, avec leurs outres remplies de vin, ce sont les approvisionneurs du peuple ;—leurs sorbets et le leurs *graniti* sont les *bevandes* neigées du Forum. Enfin, tout, dans la Rome moderne, rappelle l'ancienne Rome, jusqu'aux noms des familles, en substituant l'*i* à l'*us* : Camilli, Camillus ; Severini, Severinus ; Fabrizzi, Fabricius.

Les Italiens ont donc le droit de s'approprier la gloire et le génie de l'Italie ancienne, et d'être aussi fiers du Colisée et du Forum que de Saint-

Pierre et du Vatican. Ajoutons, en passant, qu'un peuple qui peut revendiquer la gloire d'avoir donné le jour à tant de merveilles, et l'honneur d'avoir été le berceau des sciences, des découvertes, des beaux-arts et de la civilisation, peut bien se consoler de n'avoir qu'une aptitude médiocre à se former en bataillons carrés et à manier des engins de destruction. Peut-être est-ce la possession de tous les avantages dont la nature doua les Italiens qui pourrait donner l'explication de l'absence, chez ce peuple privilégié, de tout esprit militaire. Laissez se développer en lui l'esprit d'unité, et vous verrez bientôt apparaître en Italie le goût des armes au détriment des qualités qui firent et font encore la gloire de ce peuple illustre. Le fusil est le bourreau de l'intelligence et de la pensée; la France, qui commence à épeler sérieusement les mots de paix, de désarmement et de bien-être, n'a jamais montré plus de passion pour les beaux-arts et pour les découvertes scientifiques que dans ce moment. On dirait que l'Italie tend à abdiquer l'empire des beaux-arts et à ressaisir l'épée, et la France à faire tout le contraire [1].

Ne pouvant visiter à la fois l'ancienne et la moderne Rome, c'est vers l'ancienne que je me sentis d'abord entraîné. A peine descendu de voiture, je me fis conduire au Colisée.

En abordant ce Forum dont j'avais tant de fois

1. Dans une certaine limite, bien entendu.

prononcé le nom sur les bancs du collége, j'eus besoin de me recueillir un moment pour m'assurer que j'étais bien à Rome et que je ne rêvais point... Ce moment d'incertitude fut court, mais réel. Plus d'une fois j'ai éprouvé la même hallucination, et dans des situations bien moins capables de me bouleverser l'esprit que dans celle où je me trouvais à l'entrée du Forum. Ce n'était pas, assurément, l'admiration qui produisait cet effet en moi ; car la vue de tous ces glorieux débris n'a rien de surprenant ni de magique au premier aspect, et il m'a fallu bien des voyages à Rome pour me reconnaître au milieu de tant de ruines. Ce n'est qu'en parcourant dans toutes ses parties cet immense espace qu'on parvient à retrouver la trace d'un Forum ; mais ce qui frappe, avant tout, c'est cette pensée : Voilà le Forum !

J'étais comme cloué sur place, assailli par mille souvenirs, réfléchissant aux glorieuses destinées qui avaient présidé à l'érection de tant de splendeurs, lorsque je fus brusquement tiré de ma rêverie par le geste et la voix de mon cicérone me criant aux oreilles : « *Signor, ecco la madre di Napoleone.* » C'était Lætitia, dont la majestueuse infortune s'alliait merveilleusement aux antiques débris qui l'entouraient. La vénérable exilée, en deuil du prisonnier de Sainte-Hélène, était accompagnée d'une dame et suivie d'un domestique : sa voiture l'attendait à l'une des entrées du Colisée. Je fis signe à mon cicérone de m'y introduire par une autre, afin de ne pas sembler marcher trop près de l'Impératrice; mais plus je cherchais à me tenir à distance de cette auguste créatrice d'une grandeur qui domina le monde, plus l'obstiné cicérone affectait de m'attirer du côté de Lætitia, et d'élever la voix en me parlant français, de manière à se faire entendre de l'illustre visiteuse. Il savait, comme tout le monde à Rome, que la mère de l'Empereur ne laissait jamais échapper l'occasion de s'entretenir avec les Français, chaque fois que le hasard la lui présentait. Les indiscrètes exclamations du cicérone ne tardèrent pas à provoquer l'attention de Lætitia au point de lui faire ralentir sa marche, comme pour nous engager à nous rapprocher d'elle.—Dans ce moment, mes regards s'étant rencontrés avec les siens, je ne pus m'empêcher de faire quelques pas dans sa direction : je me trouvai bientôt assez rapproché de l'Impératrice pour me voir dans l'obligation de me découvrir. Alors Lætitia vint droit à moi, et me demanda si j'étais Français. — Après que j'eus satisfait à sa question, elle me dit de la manière la plus affable que « c'était toujours un nouveau plaisir pour elle de rencontrer un Français, et qu'il fallait être éloigné de la France pour apprécier ce noble et généreux pays ; que les malheurs qu'y avait éprouvés sa famille ne la rendraient jamais injuste envers ses compatriotes. » Je l'écoutais si religieusement qu'il ne me vint pas même à l'idée de répondre par quelques mots respectueux à la marque de bienveillance qu'elle daignait me donner; mais elle comprit bien que je n'en étais pas moins pénétré du plus profond respect pour sa personne et sa haute infortune; elle me demanda si c'était la première fois que je visitais le Colisée; je lui répondis que je n'avais jamais traversé Rome qu'à la hâte et malade, et que je n'y étais que depuis deux heures. « *C'est ne pas perdre de temps,* » fit-elle en souriant avec bonté; *il est vrai qu'il y a beaucoup à voir, et quand on a tout vu, il reste encore beaucoup à voir.* »

Ensuite elle me demanda si j'habitais Paris, et comme je répondis que j'étais de Lyon, elle ajouta : « Bonne ville, à qui l'Empereur a toujours porté le plus vif intérêt. » Encouragé par cette marque indirecte de bienveillance, je surmontai ma timidité pour apprendre à la vénérable exilée que j'avais été témoin de l'accueil enthousiaste que le prisonnier de l'île d'Elbe avait reçu de mes concitoyens au retour de sa captivité. « Hélas ! fit Lætitia, ce fut un grand événement dont les suites ont été bien funestes pour lui et pour la France... Ainsi, reprit-elle, vous avez vu l'Empereur à Lyon, à son retour de l'île d'Elbe? » Je répondis que je l'avais vu de très-près, et je lui racontai la petite escapade dont je m'étais rendu coupable à l'occasion d'une revue, et la généreuse intervention de son fils en ma faveur.

« L'Empereur avait raison, fit Lætitia en s'adressant à la personne qui l'accompagnait et qui nous écoutait, c'était au dragon à mieux observer sa consigne. »

Là-dessus, elle s'éloigna en me souhaitant beaucoup de plaisir.

L'auguste exilée ne se doutait pas que le jeune et timide Français à qui elle venait d'adresser quelques mots de bienveillance était allié à l'un de ses enfants ; et ce Français était bien loin de s'en douter lui-même...

Après que Lætitia fut partie, mon cicérone s'approcha de moi d'un air triomphant, en me faisant comprendre que c'était à lui que je devais l'honneur d'avoir parlé à la mère de l'Empereur, et la façon assez large avec laquelle je reconnus ce service en rentrant à l'hôtel dut lui prouver que je n'avais pas été peu sensible à un tel honneur.

L'imagination pleine de cette heureuse rencontre, je repris ma course vagabonde à travers l'immense monument, profitant de la vaste solitude où je me trouvais pour examiner à mon aise tous les coins et recoins de ce gigantesque édifice contemporain des Césars et des premiers temps de la chrétienté. Je n'eus pas beaucoup de peine à rajeunir de deux mille ans l'existence du vieux géant de l'anquité. Pendant deux heures au moins de laborieuse investigation, je m'appliquai à mettre chaque chose à sa place, selon que je me figurais qu'elle devait y être dans les beaux jours de l'empire romain.—Les tigres et les panthères eurent les premiers honneurs de ma mise en scène ; je me représentai ces féroces animaux rongeant les barreaux de leur sombre caverne, l'écume à la lèvre, le poil hérissé, rugissant de rage et de faim, et prêts à se précipiter sur les malheureux qu'on leur livrait en pâture, aux applaudissements d'une foule immense encombrant les loges et les stalles de l'époque. Puis, détournant les yeux de l'enceinte ensanglantée, souillée de débris humains et d'entrailles fumantes, je dirigeai mes regards sur les siéges mêmes où s'étendaient nonchalamment les courtisanes du temps jouant du regard comme les Romaines d'aujourd'hui et favorisant d'un sourire provocateur de jeunes efféminés à peine revêtus de la robe virile. Je n'épargnai pas, bien entendu, les abondantes distributions de limonades à la neige ni les larges éventails, tels qu'on les voit encore au musée de Naples et de Portici.

Tandis que je vivais réellement de cette vie antique qui s'exhale de tous les pores de ce grand témoignage de la magnificence romaine, mon cicérone, fatigué de me voir réfléchir et penser sans sa participation, vint me tirer de ma rêverie, sous prétexte de me conduire à la loge des Césars, mais en réalité pour mettre un terme à ma trop longue admiration... La loge des Empereurs, je l'avais oubliée ; je réparai aussitôt ma barbare omission en m'étalant sur le marbre où Tibère et Néron reposèrent tant de fois leurs membres affaiblis par la débauche. J'étais là, à la même place où ces génies malfaisants donnaient le signal des applaudissements à une foule adulatrice, affamée de carnage.

Dans ce moment, le bruit d'un tambour me rappela que j'étais dans la Rome moderne et que l'heure du dîner était arrivée: je quittai le banc des Césars, au grand contentement de mon conducteur et je pris prosaïquement le chemin de l'hôtel.

En traversant la grande rue du Cours, mon officieux cicérone me saisit brusquement par le bras, pour appeler mon attention sur un tout jeune homme qui suivait à cheval la même direction que nous; l'air mystérieux du cicérone me fit soupçonner qu'il s'agissait encore de quelque membre de la famille Bonaparte : je ne me trompais pas, ce jeune adolescent, c'était le futur empereur des Français...

Le lendemain de ma visite au Colisée, je me fis conduire à Saint-Pierre, où j'avoue qne je n'éprouvai d'abord qu'une médiocre impression, ce que j'attribuai plutôt à mon goût pour les souvenirs de l'antiquité qu'à l'effet que produit généralement sur tous les visiteurs la première vue de cette merveilleuse basilique; mais, peu à peu, les yeux se familiarisant avec tous les détails de cet immense musée, il devient impossible de s'en arracher. Pour moi, chaque fois que j'y mettais les pieds, la journée entière y passait.

Avant de m'y rendre, j'avais toujours soin de me munir de gâteaux et d'oranges, et quand je sentais le besoin de me réconforter, j'allais sous le balcon pontifical consommer mes provisions en conpagnie de l'empereur Constantin. Une fois, je me vis accosté par un Anglais à qui mes gâteaux firent venir l'eau à la bouche et qui me demanda fort gravement où était le *mâchant*; je lui répondis qu'il était dans le Cours (il y a au moins une lieue de Saint-Pierre au Cours). Le brave fils d'Albion me parut si contrarié de ma réponse que je crus faire un acte de charité internationale en le priant d'accepter mon dernier gâteau et la moitié de mon orange; la fierté britanique fit bien d'abord quelques difficultés pour la forme; mais j'insistai, et l'Anglais accepta. Ensuite nous rentrâmes ensemble à Saint-Pierre où nous restâmes l'un et l'autre jusqu'au moment où le gardien vint nous prévenir, d'un ton plaisant et poli tout à la fois, que les clefs de Saint-Pierre allaient remonter au ciel, pour en redescendre le lendemain *alle nove*. En Italie,on met des formes partout, même en vous mettant à la porte. Ce n'est pas tout à fait comme chez nous, où les gardiens des églises et des monuments vous enjoignent de vider les lieux d'un façon généralement un peu leste, pour ne rien dire de plus.

Quelques semaines après ce qu'on vient de lire, je quittai Rome dans une voiture de poste qui me conduisait vers la porte du Peuple, où l'on est obligé de s'arrêter pour l'exhibition des passe-ports; pendant que l'on examinait le mien, le postillon s'approcha de moi pour me dire que la princesse de Canino allait passer. Je descendis aussitôt de voiture, afin de pouvoir examiner à mon aise cette brillante et illustre femme, dont les charmes, l'esprit et la distinction avaient eu tant d'influence sur la destinée de Lucien. Bien que la princesse eût déjà alors une quarantaine d'années, elle me parut dans tout l'éclat de sa beauté, et je ne m'en étonne plus depuis que j'ai pu voir ce qu'elle était encore trente ans après. J'étais loin de penser, dans ce moment, qu'il y avait du sang de ma mère dans les veines de cette imposante personne et qu'un jour j'aurais l'honneur d'en recevoir la plus touchante hospitalité, et celui de consacrer à sa noble mémoire les loisirs de ma vieillesse.

LA RÉVOLUTION DE JUILLET A LYON

Dans le courant de l'année 1829, le lendemain de l'entrée de La Fayette à Lyon, eut lieu le fameux banquet que lui donnèrent les libéraux de cette ville; on sait quel énorme retentissement ce fait politique eut dans toute la France et combien il contribua à accélérer, sinon à provoquer, le mouvement insurrectionnel qui devait renverser la branche aînée.

Plusieurs personnages et écrivains politiques figuraient en première ligne dans cette patriotique manifestation dont la présidence revenait de droit à l'illustre général. Parmi eux, se trouvaient le député Shonen, ardent démocrate alors, autant que chaud conservateur plus tard; le docteur Prunelle; un fils de Casimir Périer, le romancier Cooper, M. Pétetin, rédacteur du *Précurseur de Lyon*, Alexis de Jussieu, et beaucoup d'autres dont le nom nous échappe. Comme de raison, les discours ne firent pas défaut à la circonstance. Celui de La Fayette électrisa l'auditoire; il fit rebondir les cinq cents poitrines qui l'écoutaient; car le général La Fayette, dont bien des adversaires ont voulu contester l'éloquence, possédait au plus haut degré l'art de parler à la raison des assemblées politiques; ce n'était point ce langage de tribun qui provoque l'enthousiasme, tout en semant la défiance et qui finit presque toujours par tourner au préjudice de la cause; non, c'était la persuasion infiltrée par l'orateur avec le plus grand art dans l'esprit de ses auditeurs, et, dégagée de tout le fatras oratoire des hommes du métier, la parole de La Fayette portait toujours, et tous ceux à qui il est arrivé de l'entendre, soit à la tribune, soit ailleurs, ont pu remarquer comme nous, qu'il ne faiblissait jamais, ni par le choix des termes, ni par la prompte et claire expression de sa pensée. — Le général La Fayette était venu à Lyon pour chauffer, comme on dit, le foyer d'opposition de la seconde ville du royaume. Sa présence et les souvenirs qu'elle rappelait, firent dans l'industrieuse cité la plus vive sensation : c'était 89 rajeuni et reparaissant avec toutes les exigences d'une société nouvelle. Le peuple et la bourgeoisie s'émurent... L'enthousiasme gagnait de proche en proche, et La Fayette vit reluire l'une de ces belles journées de popularité si chères à son cœur. Son entrée à Lyon, vraiment triomphale, donna lieu à une méprise curieuse à laquelle mon vénérable père ne fut pas étranger, comme on va voir.

La foule s'était naturellement portée sur le passage du général, précédé de quelques cavaliers et de plusieurs voitures particulières qui formaient la tête du cortége. Mon père, qui était à peu près de l'âge de La Fayette et dont la tournure avait quelque rapport avec celle de ce personnage, se trouvait dans l'une de ces voitures; la foule le prit pour le général sans la moindre hésitation et sans que le faux La Fayette s'aperçût de la méprise. Voyant que le peuple s'amassait autour de sa voiture, il crut que c'était pour l'obliger à crier comme tout le monde, et il ne revint de son erreur que lorsque le peuple reconnut la sienne... Mon père ne racontait jamais sans rire à pleurer, les péripéties de cet étrange et plaisant quiproquo.

Peu de temps après la mémorable manifestation de la population lyonnaise, éclata la révolution de Juillet; je me trouvais alors dans le Midi où pénétra tout à coup la nouvelle des événements qui se passaient dans la capitale et dont personne encore ne soupçonnait la gravité.

Un secret pressentiment me disait pourtant que le moment du triomphe des idées libérales était arrivé, et je rongeais déjà mon frein d'impatience, en songeant que la foudre grondait tandis que, paisible au bord de la mer, je humais voluptueusement la brise provençale; j'avais fixé mon départ de Marseille au 31 juillet, mais il ne me fut pas possible d'attendre jusque-là: brûlant du désir d'arriver à Lyon, où mon anxiété devait cesser, je quittai Marseille à l'instant même où le télégraphe venait d'articuler les mots de révolution et d'ordonnances....

Arrivé à Valence, je sus à quoi m'en tenir sur le résultat de la lutte, bien que des bruits de toute espèce vinssent à chaque pas dénaturer la vérité; mais à la Guillotière, cette avant-garde de l'industrieuse cité, je ne conservai plus aucun doute sur la victoire du peuple ; les emblèmes tricolores, les curieux se pressant autour des proclamations municipales étaient des indices certains d'une dynastie renversée. Je compris que j'allais être témoin d'une grande révolution, et, dès ce moment, je n'eus d'autre pensée que le désir d'y coopérer dans les limites de ma position et de ma modeste sphère provinciale. Les choses, toutefois, étaient au 31 juillet bien moins avancées à Lyon qu'à Paris, d'où les nouvelles, par suite de l'interruption des transmissions télégraphiques, n'arrivaient que confuses et tronquées; on ignorait encore le résultat définitif de la lutte, et déjà la population lyonnaise se disposait à résister à la garnison, commandée par le général Pauthe-Lamotte. On fit même une tentative auprès de lui pour l'engager à évacuer la ville, mais tous les efforts de l'autorité furent inutiles. Le général accueillit ces honteuses propositions avec l'indignation chevaleresque d'un vieux soldat fidèle à sa consigne : il répondit qu'il se ferait plutôt écharper que de quitter son poste, sans en avoir reçu l'ordre du ministre de la guerre. « Il n'y a plus de ministre, lui répondit-on. — C'est vous qui le dites, répliqua le général, mais moi je l'ignore et j'attends. »

Cette énergique réponse exaspéra les esprits; la municipalité s'assembla à l'hôtel de ville pour aviser.

Pendant qu'elle délibérait, Pauthe-Lamotte réunissait deux escadrons aux abords de la caserne de la Charité où il s'était installé avec les généraux Rouget et Roguet. La foule, au milieu de laquelle je me trouvais, fut immédiatement dispersée; chacun alors se dirigea du côté de l'hôtel de ville, pour demander des armes à la commission qui y siégeait. Je fis comme les autres; mais, à moitié chemin, je rencontrai la députation municipale à la tête de laquelle se trouvaient plusieurs de mes amis. et notamment M. Jordan-Leroi, homme fort considéré à Lyon, qui m'engagea vivement à me joindre à la députation chargée de se rendre à la caserne, afin de demander au général Pauthe-Lamotte les clefs de l'arsenal. Par mon adjonction, les membres de cette honorable députation furent portés à cinq.

Il s'agissait d'obtenir des fusils pour armer les citoyens et maintenir le bon ordre, en attendant les nouvelles de Paris; cette résolution, toute sage qu'elle était en apparence, me parut essentiellement naïve et téméraire en réalité. Il n'était pas présumable que le brave dépositaire de la force armée pût consentir aussi facilement qu'on l'espérait à se priver lui-même des moyens de défense qu'il avait à sa disposition ; mais la députation étant d'avis qu'il fallait toujours tenter l'épreuve, ne changea rien à sa détermination, et je rebroussai chemin pour me joindre à elle et partager ses dangers.

Arrivés à la caserne, nous en trouvâmes les abords défendus par une cavalerie bondissante et impatiente de charger la foule qui la pressait. Nous parvînmes pourtant jusqu'à l'un des officiers qui commendaient l'escadron, et auquel, nous demandâmes la permission de nous présenter chez le général au nom de la municipalité : aussitôt, l'officier se détacha de la troupe et alla chercher les ordres de son chef en nous laissant au millieu de ses cavaliers, dont l'attitude n'était rien moins que rassurante. Nous entendîmes même très-distinctement l'épithète traditionnelle de pékin circuler autour de nous, et la rumeur augmentant en raison de l'hésitation qu'on paraissait mettre à nous recevoir devint si bruyante que le général Roguet[1] parut à la croisée pour imposer silence à la troupe. Enfin, l'officier arriva avec l'ordre de nous laisser entrer dans la caserne. — On nous introduisit auprès du général : nous le trouvâmes assis en face d'une petite table en noyer, ayant derrière lui un aide de camp et à ses côtés les généraux Rouget et Roguet près d'une longue table vermoulue sur laquelle était un cruchon de vin.

1. Le père probablement de l'aide de camp de l'Empereur actuel.

Pauthe-Lamothe, sans attendre que nous lui eussions fait connaître le but de notre mission, nous demanda brusquement en quelle qualité nous nous présentions chez lui. Le conseiller Menou, comme le seul d'entre nous qui fût revêtu d'un caractère public autre que celui de garde national, prit la parole, et répondit que la députation qui avait l'honneur de se présenter devant l'autorité militaire, émanait de l'autorité civile; que, dans les circonstances difficiles où l'on se trouvait, et aussi dans l'incertitude de ce qui pouvait se passer à Paris, il devenait urgent d'armer les bons citoyens pour contenir les mauvais; mais que les armes manquaient et qu'il était indispensable d'avoir recours à l'arsenal où elle ne manquaient pas; en conséquence, que la députation, au nom du corps municipal et de tous les honnêtes gens, priait le chef de la garnison de vouloir bien délivrer les fusils nécessaires à l'armement des bons citoyens. — C'est-à-dire, fit le général, en échangeant un sourire ironique avec ses deux compagnons d'armes, que vous voulez les clefs de l'arsenal pour nous tomber ensuite sur le casaquin (ce furent ses propres expressions). — Général, répondit aussitôt M. Menou, nous sommes tous ici des citoyens connus et incapables de manquer à l'honneur. — Sans doute, répliqua Pauthe-Lamotte, mais vous ne pouvez répondre que de vous, et si je déférais à votre demande, vous seriez peut-être les premiers à vous en repentir. »

Dans ce moment, l'aide de camp du général l'attira

vers la croisée, et lui dit quelques mots à voix basse en lui montrant la foule qui encombrait les abords de la caserne. Alors le général s'approcha de M. Menou et lui dit que, toute réflexion faite, il était décidé à ne pas nous délivrer de fusils, et qu'il nous priait de nous retirer, ce que firent aussitôt mes quatre collègues. «Dans ce cas, dis-je au général, tout en me retirant aussi, puisqu'on nous refuse des armes, nous n'avons plus qu'à laisser faire le peuple...» Ces paroles parurent blesser un peu la susceptibilité militaire du général; car, venant droit à moi, il me demanda qui j'étais, et si j'avais l'intention de proférer une menace, et comme je répondis que j'étais de la députation, et que, comme elle, je n'avais d'autre intention que de préserver la ville d'une collision avec la troupe, le général me dit aussitôt: «Faites remonter ces messieurs;» ce que je fis immédiatement sans trop me rendre compte de l'intention que pouvait avoir Pauthe-Lamotte en les rappelant. Les quatre parlementaires crurent d'abord à un piége; mais comme il n'y avait pas moyen de sortir de la caserne sans l'ordre du général, ils se décidèrent à remonter chez lui. « Voyons, fit alors Pauthe-Lamotte, en venant au-devant d'eux, et sans autre préambule, combien vous faut-il de fusils?» Mes collègues s'attendaient si peu à ce revirement d'idées dont je puis dire que tout l'honneur me revenait, qu'ils se regardèrent d'abord tous les quatre sans répondre: puis, après s'être consultés, ils en réclamèrent deux mille...

« Deux mille, s'écria Pauthe-Lamotte, en accompagnant son exclamation d'un sourire narquois, vous plaisantez ; on ne donne pas deux mille fusils comme cela. Vous en aurez cinq cents, voyez si cela vous convient. » L'offre fut acceptée sans observation ; il valait mieux cinq cents que rien ; car le général n'était pas homme à revenir cette fois sur ce qu'il avait avancé

Aussitôt il donna l'ordre par écrit au gardien des clefs de l'arsenal de mettre cinq cents fusils à notre disposition. L'un de mes honorables collègues prit la lettre des mains de Pauthe-Lamotte avec la même assurance que s'il l'eût due à sa propre initiative, et, sa mâle attitude, je puis le dire, n'échappa à aucun des braves militaires qui étaient présents. L'un d'eux, le général Roguet, autant que je puis m'en ressouvenir, s'étant approché de moi, me tendit la main et m'offrit de trinquer avec lui et son camarade le général Rouget qui, pendant toute cette diplomatie, n'avait pas quitté sa chaise.

Nous échangeâmes tous les trois quelques propos de circonstance, après quoi je fus rejoindre mes collègues qui avaient pris les devants pour faire part à la foule du succès de leur démarche, et je ne dus sans doute qu'à la sincère amitié de mon capitaine, l'espèce d'ovation dont je fus l'objet en sortant de la caserne, autant de la part des troupiers que de la population ; car tous savaient le motif qui m'avait retenu quelques minutes dans la caserne après le départ de mes collègues.

Je fus aussitôt chargé de la distribution des fusils en qualité d'adjudant sous-officier dont on me donna le grade séance tenante. C'était certainement le moins qu'on pût faire pour le petit acte héroïque dont je venais de donner l'exemple; mais j'étais le plus jeune des cinq délégués, et ces messieurs avaient eu soin de se distribuer d'avance les grades supérieurs.

Quand la foule qui stationnait aux abords de la caserne sut que j'étais chargé de la distribution des fusils, elle se mit à ma suite et me servit d'escorte jusqu'à l'arsenal où je trouvai M. J., l'épée au côté et le chapeau militaire sur l'oreille. A peine m'eut-il vu qu'il me sauta au cou, en me prévenant qu'il allait me faire nommer sous-lieutenant, afin de m'avoir plus près de lui; puis il m'engagea à me munir immédiatement d'un tricorne en attendant mes épaulettes.

J'étais, je l'avoue, fort peu désireux de me pousser dans la garde nationale, d'abord parce que les suites d'une ancienne blessure ne m'eussent pas permis d'y figurer avec avantage; ensuite parce que des intérêts de famille pouvaient m'appeler à l'étranger d'un instant à l'autre; toutefois, sans trop m'arrêter à ces considérations, je me décidai à suivre le torrent, sauf à me régler plus tard selon les circonstances.

Je courus donc chez le chapelier, et je rentrai chez moi, la tête parée d'un énorme tricorne...

En me voyant affublé de la sorte, mon père crut que je devais mon travestissement à ma propre initiative comme tant d'autres dont il avait ri quelquefois dans ces sortes de circonstances; mais comme,au fond,mon père n'était pas très-opposé au mouvement libéral de cette époque, il approuva plus qu'il ne blâma la part que je paraissais prendre à l'agitation publique. Toutefois, il ne fut pas longtemps sans reconnaître tout ce qu'avait de sérieux le grade dont j'étais revêtu; car, pendant que ce bon père me considérait de la tête aux pieds, arriva un bout de billet de mon capitaine, avec l'ordre de me rendre à l'instant sur la place d'armes.

Dans ce moment, une extrême agitation régnait dans la ville, et faisait craindre un conflit entre la troupe et la population; chacun craignait de voir Pauthe-Lamotte engager lui-même l'action, en faisant une sortie à l'improviste.

Ma compagnie fut placée sur le quai Saint-Georges, à proximité de la place de Bellecour où stationnait une foule immense, impatiente d'envahir la caserne de la Charité, toujours formidablement entourée de cavalerie. Mais tout se borna à d'ardents conciliabules, et la journée se passa plus paisiblement qu'on ne l'avait espéré.

Le soir, les patrouilles de la garde nationale et de la garnison se croisèrent dans tous les sens; on entendit même quelques coups de fusil aux alentours de la place de Bellecour, ce qui fit supposer au poste dont j'étais le chef, en l'absence du capitaine, que nous allions avoir une affaire avec la troupe: cette perspective me fit vivement regretter l'absence de mon supérieur dont je n'avais reçu aucun ordre, et j'étais sur le point de me rendre moi-même chez lui, lorsqu'il se montra.

Après nous avoir indiqué les quartiers où nous devions faire patrouille, il se retira en nous recommandant de ne pas nous laisser surprendre pendant la nuit.

Parmi les gardes nationaux dont il me confia le commandement se trouvait un serrurier, ancien militaire qui, sans me connaître, s'approcha de moi, aussitôt que le capitaine fut parti. *Il me semble,* me dit-il, *que vous avez le même droit que le capitaine de dire bonsoir à la compagnie.*» Je n'avais pas eu besoin de l'observation de ce brave ouvrier pour remarquer la conduite un peu étrange de mon capitaine; mais je sus le lendemain qu'il avait passé une partie de la nuit en conférence avec l'autorité municipale. Je restai donc seul avec une quarantaine d'hommes qui me paraissaient décidés à faire bonne contenance en cas d'alerte.

L'occasion de mettre leur courage à l'épreuve ne se fit pas longtemps attendre; le cri : « Aux armes! » ce cri sinistre pour toutes les oreilles, devait l'être particulièrement pour des oreilles peu aguerries. La panique s'empara du poste, et, sur quarante hommes dont il se composait, vingt seulement me restèrent, y compris le brave serrurier qui dirigeait mes mouvements et me soufflait la manœuvre; celui-là n'était pas disposé à lâcher pied, et j'ai trop le désir d'être sincère, pour ne pas confesser que son calme et son sang-froid, au milieu de la débandade générale, ne contribuèrent pas peu à soutenir mon courage. Je sortis du poste avec une douzaine de fusiliers les plus déterminés, des vingt qui me restaient; je plaçai les autres en observation de distance en distance, et, me mettant à la tête de mon petit détachement, mon fidèle instructeur à mes côtés, je me dirigeai droit à l'entrée du pont Tilsitt, où se trouvait le factionnaire qui venait de pousser le cri d'alerte; l'autre tête du pont était gardée par un soldat de la ligne, correspondant avec le poste de Bellecour.

A peine avions-nous répondu au qui-vive de la sentinelle, que nous vîmes déboucher d'une rue avoisinante un petit groupe de lanciers, arrivant sur nous ventre à terre. Nous nous crûmes perdus... car nous étions sans munitions, et je me demande encore comment il se fit que nous n'en avions pas. Le serrurier, en profond tacticien qu'il était, voyant l'imminence du péril, et pensant qu'il n'y avait moyen d'échapper, ni par la fuite ni par la soumission, puisque les lanciers arrivaient sur nous au galop comme pour nous écharper, fit croiser la baïonnette à ma petite troupe en nous recommandant de ne pas rompre; à peine cette petite manœuvre fut-elle exécutée que les lanciers s'arrêtèrent tout court devant nous; nous comprîmes aussitôt que ce n'était qu'une fausse alerte, et qu'il n'y aurait pas de sang répandu; le chef de la patrouille s'avança; je fis de mon côté quelques pas pour lui demander le mot d'ordre, et tout finit là. Eh bien! malgré le frémissement intérieur que nous éprouvâmes dans le premier moment, nous fûmes presque désappointés d'avoir manqué l'occasion de nous signaler; car nous étions décidés à ne pas laisser entamer la muraille de nos douze baïonnettes; et je puis dire, sans forfanterie, que nous étions très-médiocrement satisfaits de l'heureux dénoûment de l'affaire. Aussi je n'en ai pas moins placé ce petit fait d'armes avorté à côté de ma campagne parlementaire de la caserne. Le danger n'existait pas, sans doute, mais il existait parfaitement aux yeux de mes douze camarades et aux miens, et nous pouvions d'autant mieux le croire réel qu'au moment où les cavaliers semblaient vouloir se précipiter sur nous, deux ou trois détonations se firent entendre dans la direction de la caserne, sans que personne en ville ait pu, le lendemain, nous donner l'explication de ces détonations que tous les habitants du quartier de Bellecour avaient entendues comme nous.

Quoi qu'il en soit, les deux petites preuves de prouesse que je venais de donner coup sur coup, quand la plupart de mes amis restaient tranquillement chez eux, ne me valurent pas d'autre satisfaction que celle de ma conscience ; c'est tout au plus, autant que je puis m'en ressouvenir, si le capitaine, à qui je présentai le lendemain mon brave serrurier, lui adressa deux mots de félicitation. A dater de ce moment, je pris la résolution de ne plus me mêler, qu'à bonnes enseignes, au hasard des agitations politiques, non point que la vigueur de mes convictions fût amoindrie à la suite de cette circonstance; au contraire, je n'en étais que plus ardent dans ma répulsion pour les choses de 1815, mais parce que je sentais qu'aucun de ceux qui faisaient le plus étalage de leurs exploits n'avaient donné autant que moi. à Lyon, des preuves réelles de leur participation au mouvement libéral de 1830. Je savais aussi que si la révolution eût avorté, c'est par moi que Pauthe-Lamotte eût commencé sa liste de proscription; et cette pensée était si raisonnable, qu'un jour, me rencontrant dans un omnibus, à Paris, avec M. Prunelle, ancien député et maire de Lyon, cet honorable personnage s'écria, tout surpris à propos de quelques mots que nous échangeâmes sur les événements de 1830 : « Ah! c'est vous qui étiez le jeune homme de la caserne! En ce cas, fit-il, vous avez été fort heureux que les choses aient tourné du bon côté, car Pauthe-Lamotte eût bien pu ne pas vous oublier. »

Quand mes souvenirs se reportent à cette mémorable époque et que je songe à mon active coopération aux journées de 1830 à Lyon, je me demande ce qui serait advenu entre Pauthe-Lamotte et la population, si, au lieu de me joindre à la députation qui se rendait à la caserne pour réclamer des armes, j'avais continué mon chemin vers l'hôtel de ville. A coup sûr, le général ne serait pas revenu sur sa première décision, et n'aurait pas accordé les cinq cents fusils qu'il ne consentit à délivrer, qu'après avoir réfléchi sur la portée des paroles que je fis entendre en me retirant, et son refus, dans ce cas, n'eût pas manqué d'exaspérer la population tout entière, si fort excitée déjà par les nouvelles de Paris. Dieu sait alors ce qui serait arrivé....

La conclusion de tous ces faits, c'est, ainsi qu'on l'a dit bien des fois, que les coups de main, en politique, ne tournent jamais au profit de ceux qui y coopèrent le plus : ce fut et ce sera toujours le *Sic vos non vobis*, du chantre de l'*Énéide* et les marrons de La Fontaine.

Quant à moi, je n'eus pour toute récompense de ma participation à la révolution de Juillet à Lyon qu'une superbe lettre de mon capitaine et la satisfaction de voir monter en grade ou en honneurs mes quatre estimables collègues de la députation municipale. Il est vrai que je quittai Lyon peu de jours après 1830 pour aller résider à Paris.

SOUVENIRS DE SUISSE

LA GUERRE CIVILE A BALE

Nous aurions certainement peu de chose à dire d'un pays aussi visité que la Suisse, sans le grave événement politique dont le hasard nous rendit témoin à notre passage à Bâle.

Persuadé que la meilleure façon de visiter la

bordé de charmants et innombrables cottages, et ses collines dominées par la chaîne des Alpes, lui donnent jusqu'à un certain point un petit air de famille avec le golfe de Naples ; les équipages et les nombreux étrangers qu'on rencontre sur ses bords, ne contribuent pas peu à compléter cette analogie. Je ne parle pas de ses hôtels, les mieux tenus peut-être de toute l'Europe.

Nous eûmes occasion de voir, dans celui où nous logeâmes un petit échantillon de la femme véritablement libre et maîtresse d'elle-même; ce qui n'aurait rien de bien extraordinaire, si cette liberté eût impliqué l'absence d'un mari ; mais au contraire, les trois jeunes et jolies femmes (car elles étaient trois) que nous avions pour voisines d'appartement étaient bel et bien toutes les trois en puissance de mari, mais elles avaient su probablement accorder les exigences du devoir avec les aspirations de l'indépendance.

Elles étaient parties ensemble de Lons-le-Saunier avec la permission de leurs sultans pour parcourir les montagnes de la Suisse. Elles n'avaient aucun bagage, faisant la route à pied, munies chacune d'un long bâton et de gros souliers de campagne, sans autres vêtements que ceux qu'elles avaient sur elles, mais se procurant avec leur pécule tous les objets qui leur étaient indispensables; leur bourse était commune, et chacune avait ses attributions. L'une était chargée de la dépense, l'autre de la partie topographique, et la troisième de la direction du service dans les hôtels.

Toutes les trois, du reste, paraissaient tenir à la haute société de Lons-le-Saunier, et l'une d'elles était la femme d'un honorable magistrat de cette ville.

Quand nous fîmes leur connaissance, elles s'apprêtaient comme nous à aller explorer le mont Blanc; mais le serment qu'elles avaient fait avant de partir de voyager toujours seules et à pied ne leur permettait pas de se joindre à nous. — Elles nous en témoignèrent leur regret de la façon la plus aimable, nous faisant comprendre que si quelque circonstance eût pu les rendre parjures, c'était la rencontre qu'elles venaient de faire; je crois même qu'elles étaient moins éloignées de se parjurer qu'elles n'affectaient de le paraître, et qu'il n'eût pas fallu beaucoup insister pour qu'elles se décidassent à nous faire ce sacrifice; mais leur manière de voyager ne nous convenait que médiocrement, n'aimant à marcher en voyage que suivis par notre voiture; nous leur donnâmes rendez-vous sur les glaciers du mont Blanc pour le lendemain; malheureusement nous ne pûmes dépasser le village de Bonne-Ville où je fus assailli par la plus terrible névralgie qui ait jamais brisé une cervelle humaine. Je me trouvai dans la cruelle alternative de me mettre au lit ou de rebrousser chemin. C'est à ce dernier parti que nous nous arrêtâmes.

Nous reprîmes à la hâte le chemin de la plaine, laissant derrière nous les gorges horribles où nous nous étions aventurés. Nous n'avions pas fait deux kilomètres, que ma douleur de tête arriva à son dernier paroxysme; je fus obligé de descendre de voiture, me roulant sur le gazon, afin de pouvoir vaincre la souffrance; ma femme crut que c'était ma dernière heure, et la sienne aussi, car elle se voyait déjà seule en pleine nuit au milieu d'une localité caverneuse et sauvage, obligée de traîner son mari à demi-mort jusqu'aux plus proches habitations. Mais dans l'ordre de la nature, rien d'excessif ne pouvant durer, la violence du mal amena bientôt une réaction dont nous profitâmes pour gagner Genève avant la nuit.

Nous nous dédommageâmes de ce contre-temps par une course que nous fîmes quelques jours après sur la Yungfrau, le mont Blanc de la Suisse.

Cette fois, nous ne restâmes pas en route; mais que de fatigue, que d'efforts pour traverser ce grand Oberland bernois! Nous étions partis de Berne dans l'intention de passer quelques jours à Interlaken, au milieu des chalets et des troupeaux; quelle ne fut pas notre surprise de voir en arrivant dans ce site agreste enchâssé au fond d'une sombre vallée, des jardins et des villas comme aux Champs-Élysées, ainsi que de somptueux et brillants équipages; nous comprîmes bien vite que notre modeste char lyonnais n'était pas digne de figurer avec honneur au milieu de tous ces opulents désœuvrés; aussi ne restâmes-nous que deux jours dans le confortable établissement qui leur sert de rendez-vous, et ce fut bien assez pour y être écorché des pieds à la tête. Toutefois, avant de prendre notre vol, nous voulûmes visiter les régions élevées et la fameuse cascade du Staubach, et par la même occasion, cette tortueuse vallée de Lauterbrunen, que le soleil daigne à peine honorer d'un seul de ses rayons.

Nous passâmes la nuit à dix pas de la cascade, dans un excellent hôtel, mais sans pouvoir fermer l'œil, attendant toujours que le bruit de notre incommode voisine voulût bien cesser pour nous laisser prendre un peu de repos; comme il ne cessa pas, nous partîmes avant le jour pour gravir la Yungfrau, dont le sommet planait majestueusement au-dessus de nous, et nous paraissait à peine éloigné de deux ou trois portées de fusil. Mais je savais par expérience combien sont trompeuses les perspectives dans les Alpes et les évaluations de distances sur les hauteurs recouvertes de neige. Pour éviter tout mécompte, je m'informai auprès de l'hôtelier du temps que nous serions obligés d'employer pour atteindre le sommet non de la Yungfrau , personne ne peut y pénétrer, mais celui que l'on nomme dans le pays la Grande-Chedec, et qui sert de station aux voyageurs.

L'honnête Suisse qui, en sa qualité de propriétaire de l'hôtel que l'on trouve ou que l'on trouvait alors sur le revers oriental de la Yungfrau, devait tenir à ne pas épouvanter son monde, nous assura que la traversée d'une vallée à l'autre n'était qu'une affaire de deux ou trois heures au plus... Nous en mîmes quatorze ! Si le malheureux nous eût seulement surfait de la moitié, nous aurions bien certainement tiré notre révérence à la Yungfrau, et nous aurions évité la plus mortelle fatigue que nous ayons jamais ressentie; mais cela n'aurait pas fait le compte de l'hôtelier du Staubach, lequel tenait avant tout à écorcher les gens morts ou vifs.

Nous partîmes donc sur l'assurance que l'ascension de la Yungfrau n'était qu'une promenade de quelques heures, et, le bâton en main, nous commençâmes à grimper comme des Parisiens qui entreprendraient le pèlerinage de Montmartre, ou des Lyonnais celui de Fourvière... Nous nous aperçûmes bientôt que nous avions été dupes de l'aubergiste, et chaque coup d'œil que nous lancions sur la cime de la Yungfrau ne faisait que confirmer cette pensée.

Nous atteignîmes enfin cette Grande-Chedec après laquelle nos jambes et notre estomac soupiraieut depuis plus de dix heures. Nous trouvâmes là une petite cahute en forme de chalet, plus une table et un banc où étaient assis une demi-douzaine de touristes allemands, fort surpris de voir une dame sur cette région glaciale presque inaccessible aux hommes; et j'avoue qu'ils avaient raison d'être étonnés, puisque le montagnard qui habitait cette cabane ne put nous montrer qu'un seul nom de femme inscrit sur le livre où figure la liste des visiteurs de la Yungfrau; c'était celui d'une dame russe, à qui, nous dit-on, ce tour de force avait valu d'augustes félicitations, et par suite son accession à la cour moscovite. Quant à ma femme, le même tour de force ne lui valut que l'honneur de voir son nom figurer à côté de celui de la dame russe et d'être brisée de fatigue, avec accompagement de fièvre et de migraine.

Après quelques instants de repos et une légère collation composée de miel et de lait, nous nous hâtâmes de quitter la Grande-Chédec, pour opérer notre descente et arriver à Grandewald avant la nuit. Mais nous n'y arrivâmes qu'à dix heures du soir, exténués de fatigue, ayant à peine la force de nous mettre au lit; nous restâmes couchés toute la journée du lendemain pour délasser un peu nos pauvres jambes, et, le jour suivant, nous rentrâmes à Interlaken sans avoir eu le courage de visiter les glaciers de Grundewald.

Cette excursion ne nous donna pas envie d'en tenter une seconde; aussi quittâmes-nous immédiatement le canton de Berne pour rentrer en France par Bâle et Mulhouse. C'est à Bâle que nous attendait, à notre insu, le plus cruel et le plus affreux spectacle, celui d'une guerre civile acharnée.

On sait que le canton de Bâle se divise en Bâle ville et Bâle campagne, et que l'antagonisme le plus prononcé a toujours existé entre les deux localités. A l'époque où nous arrivâmes à Bâle, la haine des deux partis était à son comble, et tout y présageait la prochaine intervention de la poudre : nous ne pûmes y pénétrer qu'avec la plus grande difficulté, l'ordre ayant été donné à toutes les portes de ne plus laisser entrer personne; mais je priai les gardiens avec tant d'instances, qu'ils finirent par se rendre à mes sollicitations, non sans nous avoir questionnés de mille manières sur le but de notre voyage : ma réponse était trop naturelle pour laisser le moindre soupçon à nos inquisiteurs, puisque l'intention de visiter la Suisse répondait à tout; mais quand je nommai l'hôtel du Lion-d'Or, comme celui que nous avions choisi, les regards des employés se rembrunirent, et nous crûmes un moment qu'on allait revenir sur l'autorisation qu'on nous avait accordée. Il n'en fut rien cependant : on nous laissa entrer sans observation.

Arrivés à l'hôtel, nous nous vîmes entourés d'une foule de curieux qui paraissaient se préoccuper vivement de nos personnes; tous nous considéraient avec une expression d'étonnement mal déguisé, jointe à un certain air de méfiance dont nous ne pouvions nous rendre compte. L'hôtel était désert : nous restâmes dix minutes avant de voir arriver les gens de service; et leur surprise ne nous parut pas moins grande que celle des curieux, mais avec la méfiance de moins.

Aussitôt que nous fûmes installés, je demandai au sommelier quel pouvait être le motif de la curiosité dont nous étions l'objet; il nous répondit que chacun était étonné, lui le premier, de nous voir descendre au Lion-d'Or; que le propriétaire de cet hôtel était le chef du parti de Bâle campagne, et que sans notre qualité d'étrangers, on nous aurait probablement arrêtés; qu'au surplus, nous n'avions rien à redouter, et qu'il espérait bien qu'à la première affaire les démocrates se rendraient maîtres de la situation : nous comprîmes que nous étions tombés en pleine guerre civile, et que le plus sûr pour nous, c'était de ne pas prendre racine à Bâle...

Tandis que nous étions à dîner, nous vîmes entrer dans la salle deux jeunes personnes qui nous prièrent, de la façon la plus aimable, de leur permettre de passer quelques instants avec nous, ce que nous leur accordâmes d'autant plus volontiers, qu'elles s'annoncèrent comme étant les filles du maître d'hôtel. Nous n'eûmes pas besoin de les presser beaucoup pour nous mettre au courant de tout ce qui se passait, et, avant la fin de notre dîner, nous savions déjà que leur père était proscrit de Bâle ville ; qu'il était l'un des démocrates les plus importants de Liestall ; qu'il ne tarderait pas à se venger des atrocités dont il avait été victime, et que le lendemain ne se passerait pas sans qu'on vît du nouveau ; elles ajoutèrent qu'elles étaient prêtes à quitter la Suisse, si la campagne avait le dessous.

Ces deux Suissesses étaient bien moralement le type le plus complet des républicaines de la Rome primitive ; elles avaient embrassé la cause de leur père avec la plus rude vertu filiale et patriotique, décidées à échapper par le suicide à la honte de la défaite, si leur père venait à succomber. — Lorsqu'elles virent que nous n'étions nullement contraires aux aspirations du parti démocratique, elles redoublèrent de franchise et de démonstrations sympathiques à notre égard; puis elles prirent congé de nous en nous promettant de nous revoir le lendemain, si leur père n'était pas tué...

Étant bien loin de croire les hostilités aussi prochaines que le disaient ces deux intéressantes personnes, nous nous mîmes au lit, aussi peu préoccupés de guerre civile que s'il n'en eût pas été question; mais, à peine étions-nous endormis que le bruit du rappel vint frapper nos oreilles. Une sourde rumeur se fit entendre dans l'hôtel, et peu d'instants après quelqu'un frappa à notre porte... C'était le sommelier qui venait nous prier de ne pas compter sur son service pour le lendemain, attendu qu'il partait à l'instant même pour Liestall, afin de prendre part à l'affaire qui devait s'engager à la pointe du jour entre la ville et la campagne; ensuite il se retira assez tristement, en nous souhaitant le bonsoir.

Le lendemain matin, tous les habitants de Bâle étaient armés jusqu'aux dents; la ville n'était plus qu'un vaste camp où se croisaient en tous les sens soldats et citoyens; la plus vive inquiétude régnait dans cette opulente et aristocratique cité. A chaque angle de rue, on voyait des groupes se menaçant réciproquement du regard en attendant le moment de se ruer les uns sur les autres. — Tout le monde était incertain sur l'issue de la lutte qui avait dû commencer dans les champs, au lever du soleil; personne ne savait au juste pour quel parti avaient été les premiers avantages. Nous voyions bien passer de temps en temps sous nos croisées quelques militaires dont la physionomie était fort abattue; mais leur attitude silencieuse ne nous laissait rien deviner. On répandit pourtant un moment le bruit de la défaite des campagnards, et la rumeur prit assez de consistance pour qu'un domestique de l'hôtel vînt nous engager à fuir en toute hâte, car personne ne mettait en doute que le premier résultat de la victoire des aristocrates ne fût la démolition de la propriété du chef de la révolte. Je fis aussitôt rassembler nos bagages pour être prêts à tout événement; j'allais même donner l'ordre d'atteler, lorsqu'on vint nous annoncer que la campagne avait complétement battu la ville, et que trois à quatre cents citadins étaient restés sur le champ de bataille. Nous eûmes bientôt la confirmation de cette nouvelle inattendue, par un exprès que le père des deux demoiselles venait de leur envoyer, pour leur annoncer la mort du sommelier de l'hôtel : le pauvre garçon avait deviné juste, quand, la veille, il était venu nous prévenir qu'il ne ferait pas son service le lendemain. Sa mort fit la plus triste impression sur ses jeunes maîtresses qui le regardaient comme un frère, et les sanglots qu'elle leur arracha ne leur laissèrent pas le courage de se livrer au contentement que, sans cela, leur eût causé le triomphe de leur parti.

Les détails de la lutte furent précédés par l'arrivée de longues files de blessés qui passèrent sous nos croisées.

A la vue de ces membres pendants et ensanglantés, de ces têtes baissées, et en entendant les cris plaintifs qu'arrachait à ces malheureux le cahot des voitures, nous fîmes de tristes réflexions sur les folles erreurs de l'humanité, et plus encore sur les cruelles conséquences des passions politiques...

La démocratie rurale venait d'infliger une rude correction à la fière aristocratie bâloise; mais la victoire fut chaudement disputée : on se battit depuis trois heures du matin jusqu'à dix, et sans l'habile manœuvre d'une douzaine d'artilleurs polonais qui combattaient dans les rangs de la campagne, rien n'eût été plus douteux que la victoire des campagnards.

L'affaire se décida à l'entrée d'un défilé qui divisait un bois en deux parties et mettait les deux armées en présence. Les Polonais avaient placé trois bouches à feu au milieu du défilé et trois autres sur une petite éminence qui dominait le passage.

Après avoir engagé l'action avec les trois pièces du défilé, ils simulèrent habilement un sauve-qui-peut général en abandonnant leurs pièces à l'ennemi.

Les Bâlois se laissèrent si bien prendre à cette ruse de guerre, qu'ils s'avancèrent aussitôt au pas de charge pour s'emparer des trois pièces; mais, au moment où ils se disposaient à les saisir, ils furent assaillis par la mitraille des trois autres canons et écharpés par le gros de l'armée rurale.

Ainsi finit cet épisode sanglant des troubles suisses

de 1832, dont le hasard nous rendit témoins, et auquel les journaux français de l'époque consacrèrent à peine quelques lignes insignifiantes. C'est que la France, alors, était elle-même livrée à toutes les agitations qui suivirent la révolution de 1830, et n'étaient en réalité que le mugissement lointain de celle de 1848.

SOUVENIRS DES DEUX-SICILES

POMPÉI, LE VÉSUVE ET L'ETNA

Rien ne saurait donner une idée exacte de cette étrange cité, pas même l'érudition, et j'ai rencontré plus d'un savant et plus d'un homme de lettres qui ne se la représentaient que d'une manière très-imparfaite, la confondant le plus souvent avec Herculanum ou toute autre ville ancienne convertie en rochers et ruinée par le temps; tandis qu'il ne manque à Pompéi, pour être une cité vivante, que des habitants et les précieux ornements qu'on en retire chaque jour; car on peut y voir encore, dans le plus parfait état de conservation, les fresques, les fontaines, les salles de bain, les théâtres, les boutiques, les chambres, les boulangeries, les huileries, les prisons, les trottoirs, en un mot tout ce qui constitue les habitudes d'une population active et civilisée. Se promener pendant des heures entières de rue en rue et de maison en maison, au milieu de tous ces vieux témoignages d'une civilisation avancée, est certainement ce que l'imagination peut éprouver de plus séduisant; et l'impression est double, quand la pensée se reporte aux causes surhumaines sans lesquelles cette grande cité eût été, comme tant d'autres, dévorée par les siècles; car sa conservation n'a tenu qu'à l'inondation de cendre qui l'a préservée jusqu'à nos jours de l'action corrosive du temps, et elle ne pouvait l'être que de cette manière. Si, comme Herculanum, elle eût été envahie par la lave, au lieu de l'être par la cendre, elle eût présenté les plus grandes difficultés à l'excavation et n'eût pas été aussi merveilleusement respectée par l'une que par l'autre. Il est à croire aussi que la lave n'eût pas eu sur cette malheureuse ville une action aussi instantanée que la cendre, soulevée par un vent impétueux du sommet du volcan et lancée en ligne directe sur Pompéi avec une telle violence, qu'en moins d'un quart d'heure la ville entière fut ensevelie toute vivante sous un amas de cendre et de matières enflammées.

La lave n'eût jamais produit un effet aussi prompt ni aussi terrible , car elle procède ordinairement avec plus de lenteur, gênée et arrêtée qu'elle est par les sinuosités et les ravins qu'elle rencontre.—La cendre couvrit donc entièrement Pompéi, et il est bien difficile de comprendre comment les contemporains de cette catastrophe ont pu rester indifférents à la disparition d'une ville de cette importance, située presque aux portes de Rome.

Quoi qu'il en soit, ce n'est qu'après l'énorme succession de quinze siècles que Pompéi a été découverte un beau matin par le tranchant d'une bêche qui se brisa sur un corps dur... C'était une ville. On se mit à fouiller davantage et l'on ne douta plus de l'existence souterraine d'un vaste lieu d'habitation ; le premier objet qui se présenta aux regards des excavateurs fut une espèce de caserne appelée le Quartier des soldats, renfermant des chambres établies sur le portique qui l'entoure. C'est de là qu'on pénètre dans la ville et qu'on passe en revue ces petites maisons toutes proprettes qu'on croirait veuves de leurs propriétaires depuis quelques jours seulement.

La distribution de ces habitations à la grecque a été si souvent décrite, qu'en y revenant on risquerait de tomber dans des répétitions puériles ; mais ce qu'il n'est pas superflu de remarquer, c'est que les anciens surent bien mieux que nous allier les douceurs de la vie en plein air à celles de la vie renfermée. Pas une maison, quelque modeste qu'elle paraisse, qui n'ait sa salle de bain, sa citerne, son portique à colonnes, sa pièce d'eau et son jardin, sans compter les plus délicieuses perspectives ménagées çà et là à l'extrémité des rues d'où l'œil plonge avec délices, tantôt sur la pleine mer, tantôt sur de verdoyantes collines.

Mais ce qui donne à Pompéi un attrait particulier, c'est qu'en la parcourant on se sent naturellement initié à la vie des anciens, sensation que ne font pas éprouver les vastes débris de constructions anciennes qui s'élèvent en si grand nombre au milieu de la Grèce et de la Rome moderne. Aussi, la première idée qui se présente à l'esprit de tout admirateur d'un monument antique, c'est le regret de ne pouvoir connaître la nature et la forme des habitations particulières contemporaines du Panthéon et du Colisée; car tous les habitants de Rome ne vivaient certainement pas sous les portiques ou dans les temples. La maison de Diomède, à Pompéi, est celle qui captive le plus l'attention du visiteur, surtout quand il traverse ces vastes couloirs souterrains, garnis encore d'une rangée de ces amphores, où l'opulence avait l'habitude de conserver son falerne. Quelques soupiraux pratiqués le long de cette lugubre galerie, et par où pénètre un peu de lumière, permettent de voir encore sur les murs l'empreinte des malheureux qui y furent surpris et étouffés par la cendre au moment peut-être où le service du maître les avait conduits dans ce vaste souterrain; peut-être aussi y cherchèrent-ils un refuge pour échapper aux terribles effets de la colère du volcan [1] ; car, à chaque excavation, on trouve une nouvelle preuve de l'instatanéité de ses ravages. Des fontaines et des sources reprenant subitement leur cours au moment des fouilles; des

1. L'antiquité avait pour ainsi dire personnifié le Vésuve et l'Etna, et plus d'un Napolitain croit encore aux alternatives de calme et de colère du Vésuve.

fonctions culinaires interrompues, des squelettes dans l'attitude de la fuite, des enfants près du sein de leurs mères[1], des professeurs en exercice, des prêtres à l'autel, des débitants de boissons avec leurs coupes sur les tables de marbre, des débris de festins, des personnes au bain, des criminels aux fers, des chars renversés, des maçons avec leurs outils, des soldats près de leurs armes, des acteurs avec leurs masques, des changeurs avec leur monnaie, de nombreux ossements dans l'intérieur et aux abords des théâtres et des temples; enfin, tout ce qui atteste la terreur subite d'une population surprise par un fléau dévastateur. Voilà ce qu'on voyait sous le règne de Murat et sous celui du vieux Ferdinand; mais ce que les ouvriers seuls chargés de ces fouilles intéressantes peuvent voir encore aujourd'hui pendant quelques minutes; car, à peine découvert, tout objet précieux est inexorablement soustrait aux regards et transporté dans les musées de Naples, c'est-à-dire que l'on enlève de cette intarissable source de souvenirs et d'ustensiles antiques ce qui en faisait le principal attrait, et qu'il n'en reste plus que le sol et des murs délabrés. C'est du moins l'impression que

1. Il y a à peine quelques mois on découvrait à Pompéia un temple de Junon, où se trouvaient plus de trois cents squelettes d'enfants et de femmes qui tombèrent en poussière au moment où ils apparurent au jour. Un de ces squelettes, que l'on croit être celui de la grande prêtresse, tenait attaché à son bras, par un anneau d'or, un encensoir de même métal rempli de parfums calcinés.

j'en ai retirée moi-même, il y a douze ans, après trente ans d'intervalle. Ce n'était plus Pompéi avec ses débris épars çà et là, ses habitations prises sur le fait, ses fresques ravissantes, fraîches de couleurs, ses tombeaux avec leurs urnes et leurs lacrymatoires, ses portiques et leurs statues, ses caves avec leurs amphores ; tout était enlevé, arraché par la cupidité du gouvernement, et, à chaque pas, le cicérone nous renvoyait au musée de Naples pour y retrouver l'objet manquant à telle ou telle place. Ce que sera Pompéi dans cinquante ans, on peut le prévoir dès aujourd'hui; un amas de pierres et de dégradations, au milieu desquelles l'observateur ne se reconnaîtra plus. C'est un motif, dira-t-on, pour approuver les barbares enlèvements qu'on y opère chaque jour, afin de mettre tant d'objets précieux à l'abri des injures du temps; mais n'existerait-il donc aucun autre moyen de conserver toutes ces richesses sans les dépayser? Et à cette époque d'entreprises colossales que n'arrêtent ni fleuves ni montagnes, serait-il donc si difficile de renfermer les parties découvertes de Pompéi, les plus précieuses au moins, dans une enveloppe de fer et de verre, ainsi que cela se pratique tous les jours pour les serres des plantes tropicales, les jardins d'hiver et les palais d'expositions. Il y aurait certainement là avantage pour la science, pour les arts et pour le visiteur. L'étendue de cette enveloppe ne dépasserait pas de beauceup celle des Palais d'expositions de nos jours. L'on aurait ainsi le double avantage de conserver toute chose à sa place et de tenir sous verre le plus vaste et le plus saisissant musée de l'univers!

Nous sortîmes de Pompéi par la rue des Tombeaux, modèles éternels de nos sépultures modernes, et nous reprîmes la route de Naples, l'imagination pleine encore de tous ces souvenirs de 1900 ans de date !

Mais nous ne restâmes pas longtemps sous leur mélancolique influence, grâce à l'extrême animation des cinq à six villes ou villages que l'on traverse pour rentrer à Naples, et qui n'en sont, à vrai dire, que les faubourgs. En effet, depuis Pompéi jusqu'à Naples, ce ne sont que voitures et chars de toute espèce, vendeurs de macaroni, mendiants, processions, attroupements; tout ce monde s'agitant et criant à vous rompre les oreilles, et vous laissant à peine maître de votre pensée. Ce concert assourdissant vous poursuit sans interruption jusqu'à Naples; il faudrait dire vous poursuivait, car la locomotive y a mis bon ordre depuis qu'elle a envahi cette localité déjà si cruellement dépoétisée par les bateaux à vapeur, et peut-être aussi par l'âge du visiteur, qui trace ces lignes.— Hélas ! Pompéi, qu'il a revue en 1852, n'était plus pour lui qu'un amas confus de murs et de débris calcinés par le soleil et couverts de poussière. Plus de rêveries et de promenades incertaines à travers ces files de maisons abandonnées; plus de serrements de cœur devant l'empreinte des malheureux surpris dans les caves de Diomède, plus de réflexions ironiques et de sourires d'incrédulité devant l'étroit réduit où se blottissaient les prêtres du temple d'Isis, pour lancer leurs oracles trompeurs; plus de mélancoliques pensées devant cette silencieuse rue des Tombeaux où reposaient les cendres contemporaines de Pline, de Cicéron et de Titus, plus rien! La dégradation et le désert...

Telle m'apparut Pompéi en 1852, après les trente hivers que le temps avait amoncelés sur mon front.

LE VÉSUVE.

Quelques jours après notre première course à Pompéi, nous fûmes les heureux témoins de la fameuse éruption de 1823, digne émule de celle à qui l'on doit la conservation de cette précieuse cité; car, aucune des éruptions qui se sont succédé depuis la mort de Pline n'a eu plus d'analogie avec le terrible cataclysme qui a causé la mort de ce grand naturaliste, le Buffon de l'antiquité. Toute la population napolitaine était en mouvement; les processions commençaient à circuler dans toutes les directions; les visages s'assombrissaient de plus en plus, et, à chaque détonation nouvelle, on éprouvait ce frémissement intérieur que cause le bruit de la foudre : ce devait bien être là le premier mouvement de terreur qui pétrifia les malheureux habitants de Pompéi en 79. Jamais, de mémoire napolitaine, éruption ne s'était annoncée plus menaçante, et déjà les préoccupations habituelles de la vie faisaient place à cette sinistre anxiété de l'âme, avant-coureur ordinaire des grandes catastrophes. J'ai éprouvé plusieurs fois, particulièrement aux journées de juin, en 48, le même sentiment de terreur, lorsque tout Paris fut réveillé par le bruit inattendu d'une canonnade infernale.

Pendant que le peuple napolitain implorait la protection de saint Janvier, préservateur spécial des éruptions, tout ce que la ville renfermait de curieux et d'étrangers se formait en petites caravanes, pour aller jouir d'aussi près que possible de l'imposant spectacle que promettait le retour de la nuit. Je me joignis à plusieurs Français et Napolitains de mes amis, dans le même but.

Après nous être munis de bonnes provisions, nous nous dirigeâmes du côté de Portici, avec la ferme intention d'approcher du Vésuve aussi près que la lave nous le permettrait.

A mesure que nous avancions, les détonations devenaient plus assourdissantes; il semblait qu'elles éclataient sur nos têtes, et pourtant, nous étions encore à une lieue au moins du foyer volcanique.

La route était encombrée des malheureux habitants de Portici, de Résine, de la Torre et des villes voisines, qui fuyaient en désordre la lave dévastatrice, comme on fuit les inondations. Ce n'étaient que brancards, civières, charrettes et matelas, le tout éclairé par mille torches, suivies d'une multitude de processions de vieillards, de femmes, d'enfants, de moines ou de capucins, bannières en tête, et faisant retentir les airs de leurs complaintes lugubres! toute cette foule se dirigeait sur Naples, sans autre idée que le vague instinct de la conservation.

Arrivés à Résine, que l'on peut considérer comme la base du volcan, nous mîmes tous pied à terre pour louer des ânes, afin de gravir la montagne jusqu'à l'ermitage.

Je me souviens que nous fîmes ce trajet avec lord Hamilton, qui était à cette époque ambassadeur à Naples. L'illustre diplomate avait avec lui plusieurs dames anglaises, parmi lesquelles se trouvaient lady Hamilton et ses filles. Notre petit escadron était précédé et suivi de trois ou quatre autres nombreuses caravanes, où dominait la langue française.

Le voyage se fit assez paisiblement pendant la première heure d'ascension, malgré le fracas de plus en plus étourdissant des éruptions, qui ne nous permettait pas d'échanger un seul mot, et auquel nos oreilles avaient fini par s'accoutumer. Tout à coup, et au moment où nous y songions le moins, nous fûmes assaillis par une grêle de petits graviers qui devinrent bientôt de la grosseur d'une balle, en attendant le moment très-rapproché où elles allaient devenir des projectiles de gros calibre.

La transformation ne se fit pas attendre bien longtemps ; car, à peine avions-nous fait quelques centaines de pas qu'un Anglais de notre compagnie reçut d'aplomb sur le genou un gros fragment de lave qui lui brisa la rotule. A la vue du pauvre blessé obligé de rebrousser chemin pour gagner Portici où les domestiques d'Hamilton le transportèrent à bras, tous les guides prirent la fuite, en nous laissant avec nos montures exposés à tous les dangers de l'ascension. La terreur alors s'empara des plus timides; cinq ou six dames, accompagnées de leurs cavaliers, crurent prudent de suivre l'exemple de leurs guides, et se mirent à rétrograder à toutes jambes, plus mortes que vives. Lorsqu'elles passèrent devant les dames de lord Hamilton, elles les engagèrent à ne pas aller plus loin, si elles tenaient à ne pas être assommées par les pierres qui tombaient de tous côtés; mais les courageuses filles d'Albion, sans tenir aucun compte de l'avis, poursuivirent flegmatiquement leur périlleuse ascension. L'un de nous, qui comprenait l'anglais, nous assura que lord Hamilton leur avait proposé de revenir sur leurs pas, et qu'elles avaient répondu qu'un pareil spectacle valait bien la peine d'affronter quelques dangers. Elles continuèrent leur course à côté de nous, sans guides, stimulant elles-mêmes des pieds et des mains l'ardeur de leurs baudets, et baissant la tête pour échapper aux pierres dont elles étaient à chaque instant menacées. Enfin, nous arrivâmes au bord d'un ravin qui nous séparait de la lave et de l'ermitage qu'elle avait déjà envahi; il était impossible d'aller plus loin sans être surpris par les débordements de ce torrent de feu se frayant un passage à travers toutes les scories carbonneuses de ces vallons infernaux...

A l'abri de la lave par le ravin qui nous en séparait, et garantis des pierres et de la cendre par un énorme bloc caverneux sous lequel nous nous réfugiâmes avec la famille de lord Hamilton, nous pûmes jouir à notre aise, pendant le reste de la nuit, du plus sublime et du plus émouvant spectacle qu'il ait jamais été donné à l'homme de contempler !

Des rivières de feu débordant avec fureur de la bouche du volcan, comme l'eau déborde de l'écluse; des rochers gigantesques lancés dans les airs sur des colonnes rouges et retombant sur les flancs de la montagne avec un fracas terrible; le sourd frémissement que faisait sentir sous nos pieds le bouillonnement intérieur de cette fournaise ardente; des blocs énormes se détachant tout à coup du cratère, et roulant leurs masses enflammées jusqu'à la mer; des alternatives de complète obscurité et de lueurs resplendissantes qui, en éclairant le golfe, offraient à nos regards comme en plein jour le plus magnifique panorama du monde; tel est le spectacle que nous eûmes devant les yeux pendant quatre heures qui passèrent comme quatre minutes.

Il me semble voir encore le pauvre ambassadeur fatigué de se tenir si longtemps sur une seule jambe (car l'autre était hors de service), interrogeant à chaque instant du regard, sa femme et ses filles pour leur demander le signal du départ, et les intrépides voyageuses ne répondre toujours que par l'imperturbable *No!...* britannique.

Il fallut enfin se séparer de ce spectacle grandiose, bien digne assurément de l'architecte éternel et bien capable aussi de donner à la vanité de l'homme la conscience de sa faiblesse. Quand nous remontâmes sur nos ânes, nous comprîmes que le danger d'être atteints par les pierres allait nous menacer de nouveau : c'était le cas de faire bonne contenance, car, il eût été honteux de montrer la plus légère appréhension à côté de jeunes et belles personnes qui affrontaient le péril avec un sang-froid et un courage vraiment héroïques. J'ai toujours regardé comme un fait miraculeux qu'aucun de nous n'ait été atteint par la pluie de pierres qui nous accompagna jusqu'à Résine. Il est vrai que nous ne mîmes à descendre que le quart, tout au plus, du temps que nous avions mis à monter, et que la rapidité de notre marche dut contribuer aussi à diminuer le danger qui ne se manifestait qu'à certains intervalles.

Nous arrivâmes enfin sains et saufs à Résine, mais accablés de fatigue et couverts d'une noire et épaisse couche de poussière. Nous y retrouvâmes nos guides qui commençaient à être réellement en peine, non de nous, mais de leurs ânes. Aussitôt qu'ils eurent mis la main sur les pauvres bêtes, ils firent tous le signe de la croix et remercièrent saint Janvier d'avoir bien voulu les leur rendre. Nous leur abandonnâmes de bon cœur ces paisibles compagnons de nos fatigues, et nous remontâmes en voiture pour retourner à Naples.

Cinq ans plus tard, j'eus occasion de faire une seconde visite au volcan, en compagnie d'une société française; mais alors le Vésuve était en léthargie, et son profond sommeil permettait aux curieux de sonder du regard le fond du gouffre et même d'y descendre, si le cœur leur en disait.

En partant de Naples et avant d'avoir atteint la bouche du volcan, toute la caravane s'était engagée à accomplir cette espèce de descente aux enfers; mais, lorsqu'on fut arrivé sur le bord du cratère et qu'on put en mesurer toute l'horrible profondeur, aucun de nous ne fut tenté d'y risquer ses jours; encore moins nos guides qui se morfondaient à nous détourner d'une idée aussi insensée. Cependant, après quelques moments d'indécision, une jeune Marseillaise de quinze à seize ans, accompagnée de son frère, s'élança comme un éclair sur le flanc rocailleux du volcan, en faisant appel, à l'aide de son mouchoir, à ses compagnons de voyage, saisis d'épouvante. Cet appel vraiment héroïque fut entendu de son frère, d'un autre Français et de moi. Tous les trois, nous nous précipitâmes sur les pas de cette courageuse jeune fille, décidés à subir aveuglément toutes les conséquences de sa témérité... On eut beau nous dire et nous répéter qu'un vent subit pouvait nous entourer de fumée et nous asphyxier; qu'il y avait de continuelles petites éruptions imprévues sur les flancs et au fond de l'abîme; rien ne put arrêter l'ardeur de notre gracieux et intrépide chef de file.

Nous disparûmes bientôt dans les caverneux interstices du volcan, à la grande stupeur du reste de la compagnie, restée immobile et consternée au bord du cratère : après vingt minutes de chemin, cramponnés à des rochers de lave, où nos mains nous servaient plus que nos pieds, nous arrivâmes au fond du gouffre....

Ici, je dois donner une explication sans laquelle cette périlleuse descente pourrait bien provoquer le sourire: le Vésuve, comme on sait, est sujet à d'assez fréquentes éruptions; mais ce qu'on ne sait pas aussi bien, c'est que pas une de ces éruptions ne ressemble à la précédente.

Tantôt la lave, ne recevant qu'une faible impulsion du bouillonnement intérieur, ne s'échappe qu'à peine de l'immense pylore qui la vomit; tantôt elle déborde avec tant d'impétuosité qu'il en résulte une évacuation complète, et que le vomissement ne cesse qu'après le rejet de toutes les matières que la fournaise contenait: alors le fond du cratère n'est plus qu'une vaste vallée de lave, où bouillonnent une multitude de petits volcans à l'état d'éruption, et dont on ne peut approcher sans danger. Ces petits monticules en ébullition ne peuvent être comparés qu'aux tentes d'un camp, qu'on aurait placé au fond d'un large vallon. — C'est dans cet état que ce gouffre infernal se présenta à nos yeux. Oui, c'était bien l'enfer, avec son atmosphère enflammée, ses grondements souterrains, ses pluies de feu, son sol brûlant, si brûlant qu'on ne peut rester immobile une seconde, sans compromettre son épiderme.....

Une odeur de soufre suffocante, jointe à une température intolérable, ne nous permit pas de rester plus de cinq minutes dans cet antre embrasé. Nous nous arrachâmes prudemment, mais à regret, de cette fournaise ardente, pour n'y pas succomber de suffocation.

Après deux mortelles heures de l'ascension la plus pénible, pendant laquelle la jeune fille qui nous avait attirés dans cet enfer eut plus d'une fois besoin d'appui et de soutien, nous arrivâmes au sommet de la montagne, où nos compagnons de voyage, un peu honteux de leur prudente immobilité, nous reçurent avec les mêmes démonstrations d'intérêt que si nous fussions revenus de l'autre monde.....

Quant à la jeune Marseillaise, à qui nous devons l'honneur d'avoir accompli cette périlleuse descente, elle est maintenant la femme de M. A..., l'un des derniers candidats à l'Académie.

L'ETNA.

La Sicile, qui n'est qu'à deux pas de nos côtes, est certainement moins visitée que le Nouveau-Monde; elle ne l'était presque pas à l'époque où j'y faisais provision de quelques souvenirs qui, quarante ans après, devaient emprunter un intérêt de circonstance aux événements dont cette vaste et précieuse portion de l'Italie vient d'être le théâtre.

Ce nom de Sicile, inséparable de celui de la Grèce, excitera toujours l'imagination des amis de la nature et de l'antiquité. — L'Etna, Syracuse, Carybde et Scylla sont autant de pages classiques qui rajeunissent la mémoire, et vous poussent malgré vous vers ces rivages célèbres, surtout quand les quatre cinquièmes du chemin sont déjà faits, et que, du sommet du Vésuve, le regard peut se porter, par la pensée, jusqu'aux cimes de l'Etna. Ce fut dans un de ces moments de sublime contemplation que je pris la résolution de visiter la Sicile. — Je partis avec un concitoyen, précisément l'homme qu'il me faillait pour un tel voyage; son caractère était trempé à la romaine et son cœur était aussi solide que son caractère. Il avait le malheur d'être ambitieux; mais son ambition n'était point le fait de cet orgueil désordonné qui caractérise d'habitude l'ambition; c'était plutôt la raison aux prises avec les exigences de sa position et avec ses devoirs de père de famille. On eût dit qu'il avait le pressentiment de sa fin prochaine, et qu'il voulait se hâter d'assurer le sort de ses enfants pendant le peu de temps qu'il avait à vivre; grave et sérieux, plus peut-être qu'il ne convenait à sa position de commerçant, pour laquelle il n'avait pas d'aptitude naturelle, il devenait doux et communicatif dans l'intimité du voyage, et, plus d'une fois, je vis une larme briller dans ses yeux quand le souvenir de sa famille lui rappelait la distance qui l'en séparait. — Il avait alors des mouvements sublimes et faisait de tristes retours sur lui-même, qualifiant son ambition de folie, et sa raison de cruauté, se reprochant la vie errante qu'il menait pendant que ses enfants étaient privés de leur père, et que leur mère pleurait l'absence de son mari. — C'est avec cet homme estimable que je m'embarquai pour la Sicile, sur une petite voile latine, plus semblable à une grande chaloupe qu'à un navire marchand. — Le vent était si frais que nous nous trouvâmes le soir même de notre départ en face de Stromboli, ce monticule flamboyant, toujours en éruption, et petillant en manière de feu d'artifice.

Stromboli était considéré par les anciens comme le grand fanal de la mer sicilienne, et il ne paraît pas que l'huile qui l'alimente soit près de lui manquer... Nous fîmes quelques tentatives auprès du capitaine pour le décider à relâcher dans l'île, dont nous n'étions qu'à deux ou trois milles de distance; mais il fut sourd à nos sollicitations, ce que mon compagnon de voyage attribua à la nature peu sonore de nos arguments... Au reste, la violence du vent qui nous poussait en pleine mer ne nous eût pas facilement permis de prendre côte; car la coquille où nous étions entassés filait si rapidement que le lendemain, au jour, nous nous trouvions déjà en vue de Messine, et très-près de Scylla, dont nous aperçûmes bientôt la base recouverte d'une écume compacte et mugissante. Nous étions à peine à portée de fusil du fameux gouffre, que nous nous sentîmes entraînés avec une rapidité effrayante dans sa direction, malgré les efforts du pilote pour nous tenir à distance. Le courant nous avait pris à l'improviste, et nous portait droit sur le promontoire; il paraissait impossible qu'on évitât de s'y briser, et pourtant nous le frisâmes, sans le toucher... C'est probablement ce qui arriva à Annibal, quand il fit mettre à mort son pilote, dans ce même passage, parce qu'il craignait une trahison; mais quelques instants après cet acte de férocité africaine, il reconnut son erreur, et, deux ou trois ans plus tard, il érigea une statue expiatoire au malheureux pilote. Aussitôt que nous nous trouvâmes hors du courant, la mer, resserrée entre la côte de Calabre et Messine [1], nous fit l'effet d'une large rivière ou d'un grand lac à peu peu près pareil à celui de Genève. Au nord, la côte de Sicile, un peu basse, mais agréablement variée; au midi, la Calabre avec ses hautes et verdoyantes montagnes que le belliqueux dictateur de Palerme a dû si impatiemment convoiter du regard pendant sa campagne de Sicile; en face, le gigantesque quai de Messine qui se présente à la vue sous la forme d'un demi-cercle au milieu duquel on pénètre pour attendre la *santé*, ou plutôt messieurs de la santé, espèces de commissaires amphibies, chargés de donner la pratique aux navires, et de tâter le pouls aux passagess. Aussitôt

1. *Hæc loca vi quondam et vasta convulsa ruina.*
(*Enéide*, livre III.)

cette formalité accomplie, on vous délivre la permission de vous rendre à terre. C'est au moment où nous espérions l'obtenir que messieurs les *cavaglieri* (en Sicile, tous les employés se décorent de ce titre) nous firent savoir que, vu l'état fiévreux de l'un des passagers, nous étions assujettis à une quarantaine de trois jours ! Trois jours d'existence au milieu de tous les inconvénients animés, inhérents aux barques napolitaines, et après quarante-huit heures d'une horrible traversée et d'une privation absolue de nourriture; car le mal de mer ne nous avait pas quitté un seul instant; nous étions furieux... Mon compagnon de voyage voulut connaître aussitôt celui des voyageurs qui nous valait cette gracieuseté; il se fit conduire dans le réduit où s'était caché, à demi-mort, un pauvre diable atteint de pulmonie, et se mit à lui tâter le pouls. Voyant que le malade n'avait pas le plus léger symptôme de fièvre, il se hâta d'en prévenir le capitaine; mais celui-ci, à qui il était fort égal de rester deux ou trois jours de plus sur son élément, ne parut attacher aucune importance à l'avis qui lui était donné, et répondit que si le passager n'avait pas eu la fièvre, on ne l'aurait pas mis en quarantaine; qu'en tous cas, il devenait indifférent qu'il l'eût ou ne l'eût pas, puisque la Santé avait prononcé. Le calme du capitaine n'était pas de nature à nous faire prendre notre mal en patience; quelque chose nous disait que nous ne devions pas nous soumettre aussi bénignement à la décision de messieurs de la Santé : nous résolûmes aussitôt d'en référer au consul de France, et nous rédigeâmes séance tenante une protestation dans les règles, où nous constatâmes qu'on nous avait soumis à une quarantaine de trois jours, pour un cas de fièvre qui n'existait pas. Nous ne fûmes pas longtemps sans recevoir la visite du consul; car, vingt minutes après le départ de notre lettre, nous le vîmes arriver dans une chaloupe, accompagné d'un médecin et de l'un des officiers de la Santé qui nous avaient signifié la mise en quarantaine. Après nous avoir témoigné le désir de nous être agréable, le consul nous pria de lui présenter le prétendu fiévreux, afin de le soumettre à l'inspection du médecin. J'allai chercher moi-même le pauvre moribond au fond de la cale, où il attendait patiemment son sort; mais, avant de le tirer de son antre, je lui fis comprendre qu'il dépendait de lui d'obtenir immédiatement son débarquement; qu'il allait être examiné de nouveau par la Santé, et qu'il devait prendre un peu de courage, afin de paraître le moins malade possible. Ensuite, je le débarrassai de la crasseuse couverture qui l'enveloppait, et lui rappelai un peu de couleur au visage en lui faisant une forte friction d'eau de mer. Cette toilette fut l'affaire d'une seconde, et le pauvre malade s'y prêta avec la bonne volonté d'un cadavre qui se sent revenir à la vie: je le soulevai et lui donnai mon bras; car, malgré tous les efforts qu'il fit pour se soutenir seul, il n'aurait jamais réussi à garder son équilibre. — Quand nous fûmes devant le consul, le pauvre homme fut pris d'une quinte de toux qui renversa toutes nos espérances : heureusement, la vacillation de la chaloupe préoccupait beaucoup plus le médecin que la pensée de remplir son ministère ; le frêle esquif bondissait sur lui-même de manière à rendre impossible l'inspection du malade, et, chaque fois que la main de l'Esculape sicilien croyait saisir le pouls du pauvre diable, l'onde mugissante séparait la chaloupe du navire, et le bras du patient restait suspendu en l'air jusqu'au retour de l'esquif. Enfin, à bout d'efforts et rendu de fatigue, l'estimable docteur déclara à la Santé qu'il n'avait pas besoin de tâter le pouls au malade, le quel n'avait d'autre maladie qu'une grande faiblesse d'estomac, occasionnée par le mal de mer. Dès ce moment, notre cause fut gagnée, et, sur l'ordre du consul, l'officier de la Santé nous permit aussitôt de débarquer. Nous nous précipitâmes à terre, comme des gens qui venaient d'échapper à la prison, et nous fîmes à notre libérateur les plus chaleureux compliments sur la sûreté de son coup d'œil.

Nous ne restâmes à Messine que le temps nécessaire pour visiter les principaux couvents de religieuses. En Sicile, ce qu'on vous propose de voir, avant tout, ce sont les couvents de religieuses : mais le contenu fait souvent tort au contenant, et bien des détails, bien des merveilles échappent à l'œil toujours un peu distrait du visiteur. Le moyen d'attacher ses regards sur le marbre ou sur les fresques, quand la réalité les provoque de toutes parts, et que de gracieux visages et des yeux flamboyants glissent à vos côtés comme les ombres de *Robert le Diable*... Après avoir également passé en revue quelques établissements de moines où rien n'était de nature à distraire notre attention, nous songeâmes aux apprêts de notre départ pour Palerme.

Deux routes s'offraient à notre choix, celle de mer et celle de terre, par Catane, en longeant la base de l'Etna. Nous avions conservé un souvenir trop triste de notre traversée de Naples à Messine pour vouloir nous remettre en mer sans une nécessité absolue, et nous préférâmes courir les hasards d'un chemin difficile, sauvage et peu sûr, plutôt que de recommencer nos épreuves maritimes; indépendamment de notre répugnance à nous embarquer, l'Etna qui se dressait majestueusement en face de nous semblait nous inviter à lui donner la préférence.

Aussitôt qu'on sut à notre hôtel que nous avions l'intention de faire le voyage par la route de terre, nous fûmes assaillis par une foule de guides qui vinrent mettre leurs litières et leurs mules à notre disposition. La litière est à peu près l'unique véhicule en usage pour parcourir l'intérieur de la Sicile, et en vérité, ce n'est point une voiture aussi incommode qu'on pourrait le croire et qu'on se l'imagine assez généralement. La litière sicilienne n'est autre chose qu'une chaise à porteurs à deux places, l'une en face de l'autre, avec cette différence que la chaise est portée par deux hommes, et que les brancards de la litière sont appuyés sur une mule par devant, et sur une autre mule par derrière. Aucun chemin, quelque impraticable qu'il soit, ne saurait arrêter ce genre d'équipage ; il ne redoute ni les rochers, ni les torrents, ni les précipices, et ce qui n'est pas un médiocre avantage, ne vous fait éprouver aucun cahot désagréable.

Notre première étape fut délicieuse : le pays nous parut si enchanteur, la campagne si riche de verdure et de parfums, que nous voulûmes savourer à notre aise le bonheur de fouler une végétation dont la vue et la senteur enivraient tous nos sens. Après être descendus de notre litière, nous fîmes comprendre à nos guides que nous désirions faire un peu de chemin à pied, sans nous presser; aussitôt, ils ralentirent la marche de leurs mules, et nous nous mîmes à suivre le convoi au milieu d'une forêt d'orangers que les rayons du soleil ne traversaient qu'à de rares intervalles.

A peine avions-nous fait quelques centaines de pas que nous vîmes, à peu de distance de la route, une charmante petite habitation toute blanche, dans le goût des maisons de Pompéi, avec son portique surmonté d'une terrasse pleine d'arbustes en fleurs où étaient assis, nonchalamment le maître et la maîtresse de la maison entourés d'une nombreuse famille ; la fourmilière s'ébranla pour nous voir passer, et nous jugeâmes, à l'air honnête et jovial du propriétaire, qu'il avait envie de nous adresser la parole. Nos guides, pensant que nous ne serions pas fâchés de faire une halte dans ce délicieux séjour, nous proposèrent de nous y arrêter; car, en Sicile, toute maison sert d'auberge, par cette excellente raison qu'il n'existe, dans l'intérieur de l'île, ni hôtels ni auberges. L'air du matin, et la marche que nous venions de faire avaient trop aiguisé notre appétit pour que nous fussions insensibles à l'offre de nos guides, sans compter le plaisir que nous promettaient les jolies petites têtes qui s'élevaient au-dessus des arbustes comme des lis au milieu d'un massif de fleurs. On débarrassa les mules de leur attelage et on les attacha à un énorme oranger qui leur prêta son ombre odoriférante. Le maître de la maison descendit aussitôt de la terrasse et vint nous prier d'entrer chez lui pour prendre quelques rafraîchissements ; il n'avait pas achevé le dernier mot de son hospitalière invitation que déjà nous étions au milieu de la jolie petite famille. La table autour de laquelle s'agitaient tous ces gracieux petits êtres était couverte d'oranges, de citrons, de sucre et de neige... Ce fut là tout le menu de la collation qu'on mit à notre disposition; il n'est pas rare de ne trouver dans l'intérieur de la Sicile que des oranges et de la neige pour tout potage, et notre hôte qui, probablement, ne vivait pas que d'oranges quand il était à la ville, n'avait garde de manger autre chose lorsqu'il venait avec ses enfants passer quelques instants à sa maison des oranges , car c'est ainsi qu'il l'appelait. Mon compagnon de voyage, naturellement porté aux joies de la famille, ne se lassait pas de contempler cette heureuse nichée, et de caresser le plus jeune de la troupe, qui lui rappelait, disait-il, l'enfant qu'il avait si cruellement abandonné pour courir après la fortune. Mais ses regrets se traduisirent en sanglots, lorsqu'il entendit la mère de cette famille exemplaire s'écrier avec cet accent dramatique qui n'appartient qu'aux femmes du midi que si son mari voulait jamais l'abandonner ainsi, elle le suivrait au bout du monde avec ses six enfants...

Hélas! c'était aussi ce qu'avait voulu faire la vertueuse femme de mon compagnon de voyage; mais de cruelles influences domestiques ne lui permirent pas d'écouter la voix de son cœur. Je dois ajouter que l'année suivante, cette excellente femme vint s'établir à Naples avec son enfant, et je suis bien sûr qu'elle dut ce bonheur à la halte que nous fîmes à la maison des oranges; car, depuis ce moment, son mari ne cessa de me répéter qu'il ne se mettrait jamais en route sans sa famille.

Après que nous eûmes consommé force orangeades et limonades à la neige, le propriétaire du logis nous proposa un tour de jardin pendant qu'on attellerait les mules; le tour ne fut pas long, vu l'exiguïté du petit enclos de laves dans lequel était enclavé le jardin. Et, de quelle nécessité eût été, pour cette paisible famille, la possession d'un plus vaste parterre, quand elle pouvait jouir à son gré de l'admirable Éden dont elle était seule à respirer les parfums; car, dans ces campagnes privilégiées, rien n'accuse la propriété, et chacun se croit le maître des merveilles qu'il contemple. Celles qui s'étalaient à nos regards nous avaient plongé dans la plus douce rêverie, et nous ne songions nullement au départ, quand nous entendîmes appeler nos excellences...

Nous éprouvâmes, dans ce moment, le serrement de cœur de la séparation éternelle, et nous prîmes congé de nos hôtes avec un échange de regrets accompagnés des plus touchantes démonstrations. A cinq minutes de la maison, nous pouvions découvrir encore cette heureuse terrasse encombrée de la peuplade enfantine agitant ses petites mains en signe d'adieux... Ensuite nous ne vîmes plus que les énormes masses de lave que dominent les cimes blanchâtres de l'Etna. — Nous nous trouvâmes bientôt aux pieds de l'antique cité de Taormine, située sur une colline à proximité de la mer; nous laissâmes nos guides sur la route et nous nous mîmes à gravir la montagne qui semble plutôt le lit d'un torrent que le chemin d'une ville célèbre ; car Taormine, à en juger par le théâtre [1] que les siècles ont respecté, dut être une des villes les plus considérables de la Sicile. Ce qui frappe

1. Le théâtre de Toarmine contenait 40,000 spectateurs, voir l'ouvrage du duc de Serra di Falco, *Antichita della Sicilia*. —

(*Histoire de Jules César*.)

l'imagination dans ce vaste colisée, ce sont les siéges des spectateurs faisant face à l'Etna Quelle sublime décoration que l'aspect de ce roi des volcans, lorsque les éruptions coïncidaient avec les solennités du cirque! Quel saisissant spectacle que cette immense nappe d'eau reflétant l'azur de l'empyrée et cette montagne de neige lançant la foudre et le feu sur la tête des assistants! Allez donc à l'Opéra, après avoir contemplé, même au milieu des ruines, une pareille mise en scène... Impossible, quel que soit l'affaiblissement des sensations et le désillusionnement de la vie, de ne point désirer revoir de pareilles grandeurs une fois que l'imagination en a été frappée. On comprend très-bien le besoin continuel de locomotion que dit éprouver Th. Gautier et qu'éprouvent comme lui tous ceux qui ont respiré un moment l'air embaumé des climats méridionaux. Ce besoin doit augmenter encore en raison de la perte de calorique que le temps fait subir à notre pauvre machine; soleil et paix devraient être les seuls médecins de la vieillesse, et je suis à me demander comment un célibataire âgé et jouissant de quelque aisance peut se résoudre à grelotter ou à s'étioler entre quatre murs pendant la moitié de sa vie. Quelle délicieuse fin d'existence, par exemple, que de pouvoir attendre le jour de l'éternité sur cette tiède et riante plage de Taormine, ou sur l'une de ces fraîches collines du détroit abritées du souffle africain par les montagnes de la Calabre, collines calmes et paisibles comme le ciel qui les protége, mais que les cruelles représailles de la guerre civile transformèrent en champs de deuil et de désolation, jusqu'au jour de la délivrance..... Avant de quitter Taormine, je ne dois pas oublier de dire un mot de sa fameuse naumachie dont la moitié a résisté au temps, ainsi que les réservoirs qui fournissaient de l'eau pour la représentation des luttes navales; l'un de ces réservoirs, soutenu par un grand nombre de colonnes, étonne la pensée, on a peine à croire à l'immensité de l'emplacement de ces scènes nautiques, où manœuvraient de grandes barques comme en pleine mer. Après une grande heure partagée entre la surprise et l'admiration, nous descendîmes à la plage pour y continuer notre route à travers les rochers de lave que nous ne quittâmes plus jusqu'à Catane.

Catane, que la fatale inexpérience du jeune roi de Naples voua naguère à la destruction, est sans contredit la plus jolie et la plus gracieuse ville non-seulement de la Sicile, mais encore de toute l'Italie; rien de si coquet et de si neuf que ses rues parfaitement alignées; l'on se croirait en pleines décorations de théâtre. Cette intéressante cité située aux pieds de l'Etna, a été engloutie plusieurs fois par des torrents de lave, et l'histoire de ses anéantissements successifs ne paraît pas laisser à ses habitants la plus légère appréhension ; ce ne sont pourtant pas les vestiges de ses désastres passés qui leur manquent, car, tout, dans cette ville étrange, accuse le voisinage d'un formidable volcan. Les débris volcaniques de toute espèce entassés avec art, sur les places publiques, les constructions en lave, ainsi que le pavé des rues, sont des signes toujours vivants de la colère de l'Etna. Mais il en est des révolutions du globe comme des secousses politiques dont le souvenir n'a d'action que sur la génération contemporaine ; et, à tout prendre, ne vaut-il pas mieux qu'il en soit ainsi ? Que deviendrait l'humanité, si elle devait employer la moitié de son existence à redouter les catastrophes dont le passé fut témoin ? La peur des volcans, des inondations, de la peste, des révolutions et de la guerre ne nous laisserait pas une minute de sommeil... C'est pourquoi les heureux habitants de Catane sont au mieux avec l'ardent brasier qui les menace, mais qui ne se fâche sérieusement qu'une ou deux fois par siècle, ce qui donne aux Catanais tout le temps de régler leurs affaires. Les Siciliens attribuent à Catane la plus haute antiquité, et font remonter sa fondation au temps des cyclopes... La population est fort sobre et peu friande des bons vins que lui donne le voisinage de l'Etna ; en revanche, elle est si passionnée pour les boissons neigées qu'elle se passerait plus volontiers de vin que de neige, et c'est encore l'Etna qui en est le pourvoyeur. L'Etna, malgré ses mauvais quarts d'heure, est pour les Catanais, une véritable providence ; c'est à lui qu'ils doivent leurs matériaux de construction, bois et pierre, leurs vins, leur neige, et les nombreux visiteurs qui laissent tous plus ou moins de ducats dans le pays; aussi, ont-ils pour cette montagne le plus vif attachement, au point d'être pris de mouvements nostalgiques aussitôt qu'ils la perdent de vue; je me souviens, à ce sujet, de la joie qu'éprouvait toujours ce pauvre Bellini, toutes les fois que je lui parlais de son cher Etna, et de sa ville natale, et je n'ai jamais douté que l'idée d'en être éloigné n'ait précipité ses jours. . .

Voir l'Etna n'est pas ce qu'il y a de plus difficile; on l'aperçoit de tous côtés, trente lieues à la ronde; mais ce qui présente un peu plus de difficulté, c'est de le gravir. Nous résolûmes de tenter l'aventure, sauf à rester en route, ou à revenir sur nos pas, si l'entreprise nous paraissait au-dessus de nos forces.

Nous partîmes de Catane aux premiers rayons du soleil, abondamment pourvus de provisions de toute espèce, comme si nous allions entreprendre un voyage aux antipodes... Mais quand il s'agit d'affronter l'Etna, il faut se mettre en mesure de résister aux glaces de Sibérie aussi bien qu'aux chaleurs des tropiques. Nous marchâmes presque sans monter pendant trois mortelles heures au milieu des laves et d'anciens volcans couverts de bois et de vignobles sans interruption jusqu'au village de Nicolosi. Nous ne rencontrâmes, sur cette terre brûlante, que deux ou trois êtres vivants qui quittèrent leur attitude de travail pour nous examiner des pieds à la tête, et nous adresser quelques quolibets à leur façon, auxquels notre guide nous engagea à ne pas attacher trop d'importance; ils en voulaient particulièrement à mon compagnon de voyage qui les regardait avec étonnement sans se déconcerter; lorsqu'ils le virent ramasser et considérer avec attention plusieurs fragments de lave, ils en mirent une poignée dans leurs bonnets, et la lui présentèrent ironiquement en lui disant que les morceaux qu'il avait dans les mains n'avaient aucune valeur, que ceux contenus dans leurs bonnets étaient les plus précieux. Nous eûmes bientôt laissé à distance cette espèce de plaisants avec lesquels il n'eût pas été prudent de lier plus ample conversation; c'est au moins ce que nous autorisèrent à supposer quelques réflexions de nos guides, et certains faits héroïques qu'ils leur attribuaient avec assez de fondement.

Après une grande heure de marche, nous atteignîmes ce qu'on appelle la région des bois, où l'on respire l'air vivifiant des zones tempérées. La vue devenait de plus en plus ravissante. A nos pieds, l'aspect du désert africain avec sa brûlante et sablonneuse réverbération; sur notre tête, l'Etna avec son manteau de neige et ses bouffées de fumée; c'est au milieu de ces deux extrêmes températures, qu'on éprouve tout le charme des zones tempérées : fruits et fleurs de mille espèces s'étalaient devant nous à travers les sentiers les plus accidentés. A l'extrémité de cette région délicieuse, on découvre la mer et tous les îlots de l'archipel sicilien. Sur un plateau beaucoup plus rapproché du sommet du volcan, on distingue les ruines de plusieurs cités anciennes et le cours d'eau qui les traverse. Nous dépassâmes bientôt les limites de cette fraîche et riante Suisse sicilienne qui prit tout à coup l'aspect et la forme des sommités alpines, telles qu'on les aperçoit sur les revers du mont Blanc ou de la Jungfrau. Le froid commençait à nous saisir, et, à partir de ce moment, il ne nous fut plus possible de rester sur nos mules. Nous les abandonnâmes à nos guides, et nous poursuivîmes notre route à pied; mais, soit que la fatigue, commencât à nous gagner, soit que le découragement se fût emparé de nous, nous prîmes la résolution de ne pas dépasser une vieille ruine ou caverne dominée par le Monte Rosso qui, par sa magnifique position, semblait nous convier au repos... En moins d'une heure, nous avions pris possession du plus admirable point de vue de notre hémisphère. Comme il est impossible de donner une idée de cette vue sublime par la description, et qu'il est inutile de la décrire à ceux qui ont eu le privilége de l'admirer, je me borne à conseiller aux amateurs des merveilles de la nature d'aller en juger par eux-mêmes. Avant la vapeur, ce conseil eût pu sembler une plaisanterie; aujourd'hui, il n'a rien que de très-naturel et de très-raisonnable, et je m'étonne qu'à notre époque d'émigration, de locomotion et de villégiature, on puisse aller ailleurs qu'à l'Etna.

Après avoir contemplé pendant plus de deux heures le merveilleux panorama qui se déroulait sous nos yeux, nous reprîmes la direction de Catane en compagnie d'un jeune médecin allemand qui revenait du sommet de la montagne où il avait fait avec le plus grand succès quelques expériences électriques, l'électromètre à la main : il paraissait ravi de ses découvertes, et tout en marchant, il nous en donnait les détails les plus intéressants ; il semblait moins satisfait des mêmes expériences qu'il avait eu occasion de faire sur le mont Blanc, beaucoup plus élevé que l'Etna, et il attribuait à la matière sulfureuse l'extrême abondance de fluide électrique qu'il avait trouvée sur le volcan. Le jeune savant ne doutait pas des hautes destinées auxquelles était appelée la matière électrique ; il ne cessait de répéter qu'un jour l'humanité serait honteuse d'avoir méconnu si longtemps la plus puissante et la plus subtile de toutes les substances. D'après ce que nous voyons depuis quelques années, la prophétie du jeune docteur s'est déjà réalisée en partie, et je devais à sa mémoire, s'il est mort, et à sa bienveillante et modeste personnalité, s'il est vivant, la mention d'un fait qui pourrait lui rappeler un doux souvenir, si ces lignes parvenaient jamais jusqu'à lui. Nous rentrâmes ensemble à Catane, après dix-huit heures de fatigue et d'admiration, mais si las de marcher sur la cendre et sur des rochers brûlants que nous n'eûmes pas le courage d'exécuter notre projet de visiter Syracuse. Il faut des muscles et une santé de bronze pour faire le métier de touriste. Nous consacrâmes le reste de la journée à chercher le sommeil, et le lendemain à faire nos préparatifs de départ pour Palerme.

Ce ne fut pas sans une réelle satisfaction que nous rentrâmes dans notre étroit véhicule, si étroit, en vérité, que nous étions sans cesse en position de nous embrasser, et qu'au moindre faux pas de nos mules, nos visages se rencontraient, mais sans aucun cahot désagréable. Nous mîmes cinq fortes journées à faire le trajet de Catane à Palerme ; les deux premières, sans quitter un seul instant la cendre ou la lave, et sans jamais perdre de vue le sommet de l'Etna ; ensuite, nous entrâmes dans une espèce de désert traversé par une rivière salée, chose excessivement curieuse pour mon compagnon de voyage et pour moi, tous deux fort inoffensifs à l'endroit des phénomènes de la nature.

Au bord de cette curieuse rivière, nous trouvâmes une mauvaise cahute où nous pûmes déguster à notre aise cette eau précieuse, véritable providence pour les habitants du lieu, puisqu'elle met à leur disposition une des denrées les plus indispensables à l'humanité. Nous eussions bien désiré en faire usage pour notre compte ; mais légumes et viande étaient radicalement absents. Il est presque ridicule, dans certaines parties de la Sicile, de demander de la nourriture, et honteux de n'en pas avoir avec soi ; cela ne nous empêcha pas de faire main-basse sur une pauvre poule qui semblait s'offrir d'elle-même à notre rapacité ; la ménagère de la cabane, sans trop se formaliser de la chose, nous demanda avec étonnement ce que nos excellences voulaient faire de la *galline*, dont les cris nous assourdissaient de telle façon que nous ne pouvions plus nous entendre ; quand la bonne femme comprit de quoi il était question, elle nous prévint qu'elle n'avait ni feu ni vase pour faire cuire la malheureuse poule; nous étions trop désireux d'un peu de viande, pour nous arrêter devant un si faible obstacle ; nous eûmes bientôt tiré le calorique d'une pierre à briquet qui ne nous quittait pas, et à l'aide d'un peu d'amadou (on était encore sous l'empire de l'amadou), nous fîmes un feu d'enfer de tout le bois qui entourait la cabane, aussi bien le vert que le sec. Restait à savoir comment nous nous y prendrions pour établir une broche; nous commencions à perdre tout espoir de tirer parti de notre proie, quand l'idée nous vint de lui passer au travers du corps l'une des cannes à épée dont nous avions eu la précaution de nous munir ; au bout de dix minutes, la poule était cuite ou plutôt calcinée; mais, bien qu'à l'état de charbon, elle nous parut encore préférable à toutes les provisions froides et sucrées dont nous étions déjà plus que rassasiés.

La journée suivante fut moins laborieuse ; le pays commençait à s'ouvrir ; ce n'étaient plus ces chemins de cendre et de lave dépourvus de végétation ; la route était assez boisée pour nous offrir de temps en temps quelques abris impénétrables à l'ardeur du soleil où nous ne manquions jamais de faire une courte sieste, mais toujours assez longue pour nos muletiers qui redoutaient par-dessus tout de se trouver en marche pendant la nuit... Séduits par l'admirable aspect de l'un de ces sites hospitaliers, nous ne pûmes résister au désir d'y prendre un moment de repos.

A peine étions-nous endormis que nous fûmes réveillés par le son d'une voix qui rappelait à nos oreilles les délicieuses mélodies du grand maëstro. Quelle surprise! et quelle chance! du Rossini au milieu de ces bois silencieux, asile ordinaire des animaux sauvages et des bandits! Le chanteur s'offrit bientôt à nos regards suivi de sa litière dont il était descendu pour donner plus de facilité à l'exécution de son chant. Quand il fut près de nous, il s'arrêta pour nous faire une profonde salutation, et nous demanda si nous étions *forestieri* (étrangers). Sur notre réponse majestueusement affirmative, il nous gratifia d'un second et plus profond salut, et nous apprit qu'il était *cantante* pour nous servir; qu'il allait joindre sa compagnie à Caltanisette; qu'il mettait à profit les loisirs de la route pour répéter son grand morceau, et qu'il espérait entrer bientôt au théâtre de Catane en qualité de premier ténor; c'était plus qu'il n'en fallait pour mériter notre considération. Nous priâmes le bon ténor de vouloir bien accepter un verre de marsala, il en accepta deux; ensuite, il nous demanda la permission de chanter devant nous le morceau qu'il avait dans la bouche, *il pezzo che teneva in bocca*, ajoutant qu'il serait charmé d'avoir le bonheur de nous plaire... Excellent ténor ! comme il avait trouvé le chemin de nos cœurs. Nous lui offrîmes un troisième verre qu'il avala tout d'un trait, après quoi il se mit en position, les deux bras en l'air et partit du larynx. Le pauvre cantante n'était pas sans talent. La musique de Rossini, et surtout celle d'*Otello* qu'il avait choisie pour ses débuts à Caltanisette est si mélodieuse et si entraînante qu'elle donne du ton et du montant aux timbres les plus rebelles ; on peut dire qu'elle repose la voix, et facilite l'exécution.

Bref, nous nous estimâmes très-heureux d'entendre en plein désert du Rossini, quoique médiocrement interprété, et, nous n'épargnâmes pas les éloges à l'obligeant interprète ; nous l'applaudissions si fort que nos mules en bondirent plus d'une fois, de peur et de surprise. A la fin de son air, l'artiste s'éloigna un peu, comme s'il fût entré dans les coulisses, et revint immédiatement pour recevoir, en saluant, les applaudissements que nous lui prodiguions, se tenant dans la même position que s'il se fût trouvé en face d'un nombreux public...

Après cette scène, dont le récit ne manquait jamais de dérider le pauvre Bellini chaque fois que je la lui rappelais, notre grave ténor accepta le dernier verre de marsala que nous avions à lui verser, nous souhaita bon voyage, et poursuivit tranquillement sa route à pied, en reprenant ses exercices préparatoires. De notre côté, nous levâmes cette longue séance, enchantés de l'heureuse rencontre que nous avait ménagée la providence des dilettanti. Malheureusement, nos muletiers n'avaient pas les mêmes motifs que nous pour la bénir, et ils se laissèrent aller à des imprécations de toute nature contre le pauvre diable qui les mettait dans le cas de n'arriver à la couchée qu'à la nuit.

Nos guides ne s'étaient pas trompés ; nous n'arrivâmes à Termini qu'à onze heures du soir, obligés d'attendre le jour dans notre litière, en compagnie des mules et des muletiers et de tous les parasites de rigueur...

La ville de Termini n'est qu'à dix à douze lieues de Palerme ; elle n'a rien de remarquable que son admirable situation sur un cap dominant un vaste horizon maritime. Nous éprouvâmes la plus rafraîchissante sensation à la vue de cette gracieuse Méditerranée qu'on retrouve toujours avec bonheur, et qu'on ne laisse jamais sans regret...

Nous partîmes de Termini à quatre heures du matin par un temps vraiment magique, ni trop chaud ni trop frais, traversant de longues haies d'aloès et de grenadiers ; la mer, unie comme un miroir, était parsemée de petites voiles blanches qui semblaient autant de cygnes, et le soleil, sortant de cette plaine argentée, dominait de toute sa majesté ce tableau ravissant.

Nous étions en extase devant une si belle nature, et

nous éprouvâmes un sentiment de tristesse, quand il fallut laisser la côte sur la droite, pour gravir une colline qui allait nous intercepter la vue de la mer.

Nous commencions à tomber dans ce mélancolique abattement, suite ordinaire d'un contentement trop vif, lorsque l'un de nos guides qui connaissait notre ardeur contemplative et notre prédilection pour la mer, nous annonça que nous allions atteindre le sommet de la colline où nous jouirions d'un point de vue magnifique. Nous mîmes aussitôt la tête à la portière, et nous retrouvâmes, avec la vue de la mer, le sentiment de bonheur et de bien-être que sa disparition nous avait fait perdre. Ce n'était plus cette côte unie et bordée d'aloès que nous venions de quitter ; le rivage avait totalement changé d'aspect, et ne présentait plus à l'œil que de caverneuses aspérités, et de petits golfes remplis de cabanes de pêcheurs ; de gigantesques rochers couverts de verdure et d'arbustes semblaient servir d'abri à cette plage pittoresque. On apercevait au loin tout le régiment de barques que nous avions laissées derrière nous, moins le soleil qu'un pic de rocher dérobait à nos yeux comme pour leur faciliter la contemplation du tableau. J'ai eu occasion de voir, dans mes longues pérégrinations, plus d'un site merveilleux ; aucun bord de la Méditerranée européenne ne m'est inconnu ; eh bien ! je n'ai pas souvenir d'avoir jamais admiré pareille toile marine. Assurément, rien d'enchanteur comme la côte de Castellamare et de Sorente à Naples ;

mais le ton n'est pas le même : à Castellamare ; c'est le soleil couchant ; en Sicile, c'est l'aurore avec toute la fraîcheur de sa toilette virginale et resplendissante. Notre litière était au repos depuis plus de vingt minutes, quand les muletiers nous demandèrent si nous entendions coucher dans cet endroit ; ces braves *lettigari*, c'est ainsi qu'on les appelle en Sicile, n'étaient pas si loin de la vérité qu'ils le pensaient. Combien de fois, au mi ieu des agitations de la fièvre, n'ai-je pas envié une petite maison sur cette plage enchanteresse ! Nos guides, voyant que nous ne répondions pas à leur question, prirent eux-mêmes l'initiative du départ, et sur un mot qu'ils dirent aux mules, la litière s'ébranla. Au bout de quelques minutes, le songe s'était évanoui... La mer, le rivage, les rochers, les barques de pêcheurs, tout avait disparu... Trois heures après, nous entrions à Palerme par cette fameuse porte du Marino que les boulets napolitains ont si souvent traversée pour balayer la population palermitaine. Espérons que les derniers événements dont cette porte a été le théâtre lui auront enlevé pour longtemps sa fatale destination.

Palerme est une des plus belles villes de la Méditerranée ; les Siciliens ne font aucun difficulté de la mettre au-dessus de sa riante et magnifique rivale, située aussi au bord de la mer, dans toute la circonférence du golfe ; mais il faut pardonner quelque chose à l'amour de la patrie, qui vient d'établir si heureusement la parité entre Palerme et Naples...

Au reste, cette erreur, ou plutôt cette faiblesse n'est pas seulement particulière aux Palermitains ; quel est l'habitant de Marseille ou de Lyon qui n'hésite pas un peu à se reléguer au second rang?... Avant d'habiter la capitale, j'ai partagé longtemps cette patriotique susceptibilité, et même aujourd'hui, quand je puis trouver l'accasion de mettre la rue impériale et les quais de Lyon au-dessus de la rue de Rivoli et des quais de Paris, je ne m'en fais pas faute, et de plus je crois être dans la vérité. A l'exception de ses deux grandes artères en forme de croix, le reste de Palerme ne répond pas à l'idée qu'on s'en fait au premier abord : on y trouve, c'est-à-dire, on y trouvait, à l'époque dont je parle, une infinité de petites rues étroites, et de hideux carrefours destinés aux muletiers ; il est possible que tout cela ait disparu, mais j'en doute ; le gouvernement napolitain avait bien d'autres soucis en tête que celui de songer à l'assainissement de Palerme... Les promenades de cette capitale ne sont pas aussi nombreuses que l'exigeraient sa grande population et la foule de voitures qui les fréquentent. Celle de la Marine, où se rassemblent de préférence les promeneurs en équipages, est loin d'offrir au yeux le majestueux aspect de la Villa Reale de Naples, dont tout Parisien qui n'a pas franchi la Méditerranée peut se faire une idée exacte, en se représentant le jardin des Tuileries, ayant en face la mer et le Vésuve, au lieu de la Seine et des hauteurs de Meudon; légère différence... qui fit dire un jour à Murat qu'il ne changerait pas sa chambre à coucher contre le trône des Tuileries... Citons cependant la charmante promenade de la Flore, véritable jardin des hespérides ombragé de citronniers et d'orangers, éternels préservateurs des rayons du soleil. Mais ce que personne ne voudra croire, c'est qu'à l'époque où je parcourais la Sicile, on ne comptait dans Palerme, ville de deux cent mille âmes, qu'un seul hôtel logeable; et encore, faut-il avoir beaucoup d'indulgence pour gratifier du nom d'hôtel l'espèce de taverne anglaise où le touriste était obligé de choisir lui-même son menu entre le poisson et le macaroni, à condition, toutefois, que l'état de la mer fût propice à la pêche, ce qui n'arrive pas toujours en Italie, afin de justifier les écarts de l'addition; car, il est bon qu'on sache que, dans ce pays du bon Dieu, le poisson est fort rare et ordinairement de connivence avec les aubergistes, et qu'il ne lui échappe jamais le moindre démenti à l'endroit des affirmations intéressées des maîtres d'hôtel. Heureusement, l'aimable hospitalité des Palermitains dédommage amplement le voyageur des vicissitudes de l'hôtel, et, pour peu qu'on ne tombe pas du ciel, on trouve à Palerme des ressources de société qu'on ne rencontrerait certainement pas à Naples, en dehors des chancelleries et de quelques maisons étrangères.

L'un des délassements les plus goûtés des habitants de Palerme, c'est d'aller entendre la musique du Marino où l'élite de la société se rend habituellement tous les soirs ; le concert ne commence que fort avant dans la nuit, et ne semble guère qu'un intermède ménagé aux épanchements platoniques des sigisbés ; mais ce genre de distractions nocturnes est beaucoup plus apprécié par les Palermitains qui font du Marino le rendez-vous de leurs amours et le laboratoire de leurs cancans, que par l'étranger qui ne se soucie pas toujours de soupirer à la belle étoile.... Que d'horreurs et de larmes ont dû succéder à ces délassements inoffensifs, depuis que le fer et le feu ont ravagé ce paisible rivage ; car, c'est en face même de cette promenade consacrée au bonheur que la cour de Naples a braqué la bouche de ses canons... Je serais curieux de savoir si l'escadre dévastatrice a épargné la résidence de Sainte-Rosalie, la Notre-Dame de Fourvières des Palermitains; cela me semble difficile, située comme elle est, sur la colline qui commande le port et la ville ; les bombes de l'absolutisme n'y regardent pas de si près ; elles n'épargnent ni l'âge, ni l'enfance, ni le sexe, ni l'objet de la vénération populaire. Celle des Palermitains pour sainte Rosalie est profonde et générale et moins empreinte de superstition que celle des Napolitains pour saint Janvier... Les gens éclairés vénèrent sainte Rosalie comme une croyance de leurs pères et une tradition de leur histoire; le peuple comme une protectrice dévouée qui le préserve de la peste et répand chaque année la joie et le bonheur sur la cité. Au surplus, on ne pourrait, sans une étrange partialité, taxer de superstition à Palerme ce qui se voit partout : en France, à Lyon, par exemple, bien des gens, fort peu orthodoxes en fait de madone et de surnaturel, rempliraient leurs maisons de camphre et de chlore, le jour où le clocher de Notre-Dame de Fourvières viendrait à disparaître.

Nous eûmes la chance de pouvoir assister au lumineux et bruyant anniversaire de sainte Rosalie qui a lieu le 12 juillet et se prolonge à peu près pendant une semaine, à laquelle succède un mois de réaction, c'est-à-dire de calme, de sommeil et de spleen, suite inévitable de sept jours de bruit, de fatigue, d'insomnie, de migraine, de processions, de feux d'artifice et d'illuminations. Ceux qui ont vu toutes les féries lumineuses de Rome et des Champs-Élysées ne sauraient se faire une idée de la bizarrerie et de la profusion des illuminations de Palerme; églises, théâtres, maisons, navires, dessus, dessous, en l'air, partout, enfin, ce n'est que cierges, lampions et flammes de toutes formes. J'allais oublier les fontaines qui, dans ces nuits d'embrasement universel, ne sont plus que des fontaines de feu... Dans la cathédrale, les lustres se comptent par centaines, les lumières par milliers, et, pour en doubler encore le nombre et l'effet, on tapisse de miroirs la voûte, les pilastres et les murailles...

Après cette semaine éblouissante, nous n'eûmes rien de plus pressé que de songer à notre départ, autant pour échapper à l'influence somnifère du lendemain des fêtes qu'aux chaleurs de juillet, plus insupportables à Palerme qu'à Naples.

Nous nous embarquâmes sur le *Tartaro*, navire de l'État, dont j'ai retrouvé le nom parmi les engins de destruction amoncelés devant Catane et Palerme dans les derniers moments de la royauté napolitaine. Nous rencontrâmes à bord brillante et joyeuse compagnie, et de nobles personnalités trop présentes encore à mes souvenirs pour que je puisse laisser dans l'oubli une ou deux circonstances qui les concernent et qui se mêlèrent agréablement aux loisirs de notre traversée.

Parmi la foule d'illustrations qui se trouvaient à bord du *Tartaro* figurait en première ligne la célèbre princesse Buttera dont l'esprit et la beauté eurent une réputation européenne, et qu'on ne séparait jamais de deux autres célébrités siciliennes: la fameuse Partanne et la princesse Paterno; ce qui fit dire à Napoléon que la Sicile renfermait trois femmes capables à elles seules de gouverner le monde; la princesse Buttera n'était certainement pas la moins remarquable des trois; sa physionomie imposante, son port majestueux, l'aménité de ses manières lui donnaient un air de grandeur qui respirait le diadème, et, au moment où je trace son portrait, c'est-à-dire plus de quarante ans après, je n'ai rencontré qu'une seule femme capable de lui disputer les mêmes avantages: c'était l'illustre veuve dont le nom remplit la première partie de ces souvenirs.

La princesse Buttera, que le mal de mer obligeait de rester couchée, avait fait descendre un matelas dans la grande cabine pour y trouver un peu de société; ce matelas était en face du mien, et le touchait même par l'une de ses extrémités; la princesse était vêtue d'une étoffe rouge, les épaules à demi-couvertes d'un châle bleu, comme une reine d'Orient au milieu de sa cour. J'avais près de moi un Génevois avec lequel j'étais fort lié; c'était un homme à part, ayant toutes les qualités de ses compatriotes sans en avoir les défauts; bon conseil, excellent ami, plein de tolérance pour les autres, la bouche vierge de calomnie et de médisance, ne comprenant pas qu'on pût parler mal de quelqu'un. Par malheur, toutes ces bonnes qualités étaient accompagnées d'un désir si impérieux de dignité, de gravité et d'importance, que toute sa personne n'était, des pieds à la tête, que le reflet de son unique préoccupation : maintien, vêtement, gestes, langage, tout, chez cet excellent homme, était à l'unisson de sa pensée et provoquait forcément le sourire de ceux qui ne le connaissaient pas quelquefois même de ses meilleurs amis; mais il n'y faisait nulle attention, bien qu'il fût plein de courage et fort chatouilleux sur le point d'honneur. Son maintien roide et compassé ne manqua pas de produire sur la princesse l'effet qu'il produisait sur tout le monde.— Pendant que la noble voyageuse considérait le Génevois avec beaucoup d'attention, une contestation fort vive s'éleva entre un passager napolitain et une pauvre dame qui, se trouvant prise par le mal de mer, s'était étendue dans la cabine du gros personnage. Elle commençait à y trouver quelques intervalles de repos, lorsque cet homme aussi grossier d'esprit que de forme, vint l'expulser brusquement de sa cabine et dans des termes aussi durs que ceux de la mala le étaient polis et mesurés. Nous prîmes naturellement fait et cause pour la pauvre dame contre cette grosse et inerte masse napolitaine qui revendiquait inexorablement sa propriété, sans égard pour la situation de cette dame. Tant de dureté souleva le cœur du Génevois et provoqua en lui un de ces bons mouvements qui caractérisent tout l'homme. Il s'approcha gravement du Napolitain et le repoussant du bras avec dédain, il lui dit le plus carrément du monde qu'il n'était qu'un lâche; puis il mit généreusement sa propre cabine à la disposition de la dame. Cet excellent homme fit tout cela en véritable et digne gentleman qu'il était, aux applaudissements de tous les passagers témoins de cette scène. La princesse Buttera ne put contenir son émotion. Je vis une larme rouler dans ses beaux yeux, et par contre-coup j'en sentis une faire irruption dans les miens, lorsque j'entendis les mots suivants s'échapper de ses lèvres à demi-voix : « Quels braves gens que ces Français! » Je n'ai pas besoin d'ajouter que, pendant tous le reste du voyage, le lâche personnage fut l'objet du mépris général, et forcé d'abandonner sa cabine pour échapper aux réflexions que sa conduite nous suggérait.

Nous avions encore à bord la princesse San Théodore, autre nom fort retentissant à Naples; la présence de cette gracieuse personne donna lieu à une scène toute différente de celle que je viens de raconter, et trop plaisante pour n'en pas dire ici quelques mots.— Parmi les passagers se trouvait le fameux Tognino, premier mime du théâtre San-Carlo, à cette époque, l'intime ami du vieux roi Ferdinand. Tognino était la bouffonnerie personnifiée ; les Odry et les Potier n'étaient que des pleureurs à côté de lui ; il fallait le voir prodiguer des consolations aux voyageurs atteints du mal de mer et donner à sa physionomie hébétée la plus piteuse expression d'intérêt, aussitôt qu'il apercevait un passager dans le spasme du vomissement ; alors il s'approchait du patient et, se fourrant dans la bouche une poignée de haricots, il la rejetait aussitôt en s'écriant comme un désespéré. «Je rends mes dents, je rends toutes mes dents.» La princesse Théodore, qui rendait non pas ses dents, mais ses entrailles, demanda à Tognino ce qui le faisait ainsi crier : « Excellence, lui répondit Tognino en portant son mouchoir à sa bouche, vous êtes bien heureuse de ne rendre que votre dîner. — Et que pourrais-je donc rendre de plus, lui répondit la jeune princesse, de cet air mi-riant et mi-pleurant que connaissent tous ceux qui ont été sur mer. — Ce que vous pourriez rendre, excellence, fit Toginno... *per Bacco*, vos belles dents, *principessa...* » Et, au même instant, paraissant tout à coup pris par le vomissement, le faux malade laissa échapper d'une bouche énorme et convulsionnée sa poignée de haricots, en criant à tue-tête : « Madona mia... je rends le reste de mes dents! » La pauvre princesse, voyant sortir de la bouche de l'artiste la preuve irrécusable de sa véracité, porta machinalement la main à ses lèvres pour s'assurer qu'aucune de ses perles ne manquait à l'appel; mais Tognino, trop galant et trop spirituel pour prolonger outre mesure les angoisses de la belle malade, tira tranquillement de sa poche une autre poignée de hariots, et la présentant aux regards de la princesse, il lui dit le plus gravement possible : « *Excellenza, sono fagioli.* — Excellence, ce sont des HARICOTS. » Puis il ajouta d'un air modeste que la plaisanterie n'était pas de lui, que c'était Sa Majesté qui la lui avait apprise.....

Le souvenir de cette agréable traversée m'en rappelle une autre que j'effectuai l'année suivante, sur un *speronaro* [1], bateau où se trouvait le comte de Stalkberg, ambassadeur de Russie à Naples; le père probablement de l'ancien chargé d'affaires du même empire, à Turin. Ce personnage, aussi distingué par l'esprit et le savoir que par l'élévation de caractère, avait une sympathie particulière pour notre nation, et je me souviens que, dans plusieurs conversations que j'eus l'honneur d'avoir avec lui, en nous prome-

1. Petite barque à voiles dont on ne fait guère usage que sur les côtes de Calabre.

nant sur le pont, il ne manqua jamais de parler avec enthousiasme de la nation française. C'était en 1822 ou 23, à l'époque de la plus grande puissance de l'Autriche, dont il désapprouvait hautement les tendances illibérales, s'apitoyant sincèrement sur nos désastre de 1815, disant que la France était toujours la grande nation et qu'il espérait bien qu'elle se relèverait un jour de la situation critique où l'avaient réduite les traités de 1815.

Le comte de Stalkberg se rendait en Sicile comme un simple touriste, accompagné seulement d'un seul de ses gens, et faisant assurément moins d'étalage que plusieurs nobles siciliens qui se trouvaient à bord. Au moment où la cloche du départ se fit entendre, l'illustre passager remarqua que tous les voyageurs s'imaginaient cingler dans la direction de Palerme, tandis qu'il avait pris avec le capitaine des arrangements particuliers pour toucher auparavant Messine et Catane.

Prenant aussitôt le parti de nous détromper, afin de nous éviter une surprise désagréable, il nous fit savoir que nous n'allions point directement à Palerme et que le capitaine s'était engagé à passer à Messine, à y rester un jour entier et à partir ensuite pour Catane. La communication du diplomate moscovite ne fut pas d'abord très-favorablement accueillie par la majorité des passagers, à laquelle se joignit la voix du capitaine lui-même; mais l'ambassadeur, en homme qui connaît son droit et qui entendait l'exercer strictement, tira avec calme de son portefeuille un papier qu'il présenta aux récalcitrants, en leur disant que c'était son accord avec le capitaine et le reçu de la somme qui lui avait été comptée pour conduire le ministre russe à Palerme, en visitant Messine et Catane. Il ajouta que le capitaine avait eu probablement l'intention de le tromper, à moins qu'il n'eût voulu se jouer des autres passagers; que, pour lui, il ne voulait rien rabattre de son droit, et qu'il n'entendait le revendiquer qu'à titre de simple voyageur et nullement en vertu du caractère dont il était revêtu. Le langage net, simple et ferme du noble étranger, qui possédait à coup sûr la langue française mieux qu'aucun de ses compagnons de voyage ; ce langage fit sur l'esprit de tous les passagers l'effet habituel et infaillible de toute déclaration sensée, nette et énergique, et, chose étrange, le droit de l'ambassadeur, si contesté d'abord, ne trouva plus d'opposition que celle du capitaine, qui persista à décliner les clauses du traité pour cause de *vent contraire*. Son insigne mauvaise foi n'eut d'autre résultat que de nous faire mettre tous du côté de l'opprimé, malgré la contrariété que causait à la plupart des personnes du bord ce changement de direction. C'est ici que l'élévation d'esprit du diplomate se montra dans tout son éclat; remettant son portefeuille dans sa poche, il déclara de la façon la plus courtoise qu'il lui suffisait d'avoir constaté son droit aux yeux de ses aimables compagnons de voyage, qu'il serait désolé de leur causer le moindre préjudice pour la satisfaction personnelle d'une vaine curiosité, qu'il les remerciait cordialement de leur bonnes intentions et qu'il faisait volontiers le sacrifice de ses droits pour leur être agréable. « Quant à vous, ajouta-t-il en s'adressant au capitaine, je me réserve de vous donner de mes nouvelles à mon retour à Naples.»

A peine eut-il achevé cette courte et chaleureuse allocution, que chacun s'écria avec vivacité: « Non, non, à Messine, à Messine, il ira à Messine, où nous le jetterons à la mer. » Le capitaine comprit bien vite qu'il fallait virer de bord, ce qu'il fit, non sans nous honorer entre ses dents des épithètes habitueltes aux bouches des gens de mer napolitains, espérant bien, nous dit-il à haute et intelligible voix, que la madone et le gouffre de Charybde engloutiraient équipage, passagers, ambassadeur et capitaine à la suite; je n'ai pas besoin d'ajouter qu'aucun des vœux de cet honnête personnage ne se réalisa et que nous atteignîmes le port de Messine sans le moindre accident.

CHOIX D'UNE RETRAITE

Quelques années après la révolution de Juillet, je me décidai à quitter la ville pour me fixer tout à fait à la campagne. Je pris cette résolution à la suite d'une circonstance dont je demande au lecteur la permission de lui dire quelques mots.

Des relations de bon voisinage m'avaient mis en rapport d'amitié avec le caissier du fameux banquier Aguado, dont il avait su gagner la confiance par vingt ans de dévouement et d'assiduité, position que bien des compétiteurs essayèrent vainement de lui faire perdre ; mais l'habile financier connaissait trop la probité de son caissier pour le laisser succomber dans la sourde guerre qu'on lui faisait.

Malheureusement la faiblesse d'esprit du fidèle comptable était telle que les manœuvres incessantes de ces rivaux finirent par lui déranger la raison. M. Aguado fut le premier à s'en apercevoir, mais il ne fit part de ses soupçons à personne pour ne pas surexciter l'état du malade. Il se contenta de lui donner un collaborateur chargé de vérifier toutes les écritures.

La femme du malade, à laquelle aucun médecin n'avait pu préciser d'une manière positive l'état de son mari, m'ayant manifesté le désir de recourir à l'une de ces hautes sommités médicales qui prononcent en dernier ressort, je lui conseillai d'aller trouver le savant praticien Leuret, médecin de Bicêtre, très-expert dans les affections cérébrales. Je conduisis le pauvre comptable chez le savant docteur.

M. Leuret, après lui avoir adressé quelques questions sur la nature de ses habitudes, le fit étendre sur un large divan pour lui palper la région intestinale; à peine l'illustre médecin eut-il posé le doigt sur l'épigastre du consultant qu'il recconnut tous les symptômes d'un commencement de paralysie des intestins. Il ajouta que le malade n'avait rien de mieux à faire qu'à quitter ses habitudes de travail, ce qu'il ne fit pas, donnant ainsi à la paralysie le temps de devenir complète et mortelle.

Quelque temps après, à la suite d'une forte fièvre nerveuse et d'une convalescence très-pénible, je voulus aller consulter pour mon compte M. Leuret qui me fit subir, comme à M. G., les épreuves du canapé; car, prenant les suites naturelles d'une longue maladie pour une désorganisation d'intestins, je m'étais imaginé avoir aussi une paralysie de ce viscère. Le docteur m'eut bientôt rassuré : « Non, fit-il, votre mal n'est pas là, — Ah! lui répondis-je, un peu frappé, cela veut dire qu'il est ailleurs. — Oui, et non, répliqua M. Leuret. Oui, si vous restez à la ville, non, si vous allez vivre à la campagne. » Et, comme je lui demandais l'explication de cet étrange diagnostic, il ajouta : « Je gage que vous vous occupez beaucoup de politique... Pas excessivement, lui répondis-je, mais je m'en affecte quelquefois plus que tout autre. — Eh bien! voilà votre mal, me dit le docteur; vous devez fuir comme la peste toute espèce d'émotion et de contrariété. Avant tout, allez à la campagne sans retard, et à quelque prix que ce soit, si vous tenez à l'existence. »

Tel fut le motif qui me poussa si prématurément dans la voie de la retraite et de l'isolement. J'étais si persuadé que les paroles de cet homme célèbre étaient des oracles, que, toute chose cessante, je m'occupai du choix d'une localité dans les environs de Paris ; car, pas plus que ma famille, je ne voulais être éloigné de la capitale. Mais trouver, comme on dit, chaussure à son pied, n'était pas chose si facile que je l'avais pensé... Il me fallut plus d'un an avant de rencontrer ce qui convenait à mes goûts et à ma position, et tout ce temps se passa à errer de village en village autour de Paris, jetant plus d'une fois le manche après la coignée, et recommençant toujours mes courses à travers champs. Tantôt c'était une chose qui manquait, tantôt une autre; quand le local était convenable, le jardin était trop petit et *vice versa*.— D'ordinaire, c'était l'eau qui faisait défaut, ou bien la facilité des communications; le plus souvent, c'était la qualité du terrain, qui était défectueuse, sans parler du prix qu'il fallait, avant tout, mettre en ligne de compte. Un jour, enfin, rentrant chez moi exténué de fatigue et fermement résolu à ne plus songer à la campagne, au risque de réaliser la prophétie de M. Leuret, mes regards se portèrent sur l'affiche suivante, placardée contre le mur de la barrière du Trône.—« A vendre, maison de campagne, située à Mandres, près de Brunoy, vallée d'Hyères, en face de la forêt de Sénart: grand jardin, écurie, remise, laiterie... » A peine en étais-je là de ma lecture que je m'écriai à haute voix : « Voilà mon affaire! » A dater de ce moment, mon sort était fixé... ma maison, mon *home*, mon tombeau: tout cela était trouvé.

Le soir en rentrant chez moi, je n'eus rien de plus pressé que de faire part à ma femme de mon heureuse trouvaille: elle était loin de penser que je n'avais jamais vu la propriété dont je m'étais si subitement coiffé, et, quand je lui dis que je me proposais d'aller la visiter le lendemain, elle me crut fou, et j'avoue, qu'indépendamment de la singularité de mon enthousiasme pour cette maison que je n'avais jamais vue, il pouvait bien y avoir dans mon engouement et dans la façon dont je m'exprimais une pointe d'exaltation fiévreuse.

Quoi qu'il en soit, je partis le lendemain par le bateau de Corbeil pour aller à la découverte du village où se trouvait l'objet de ma convoitise. Arrivé à Villeneuve-Saint-Georges, j'éprouvai la plus délicieuse sensation en entrant dans le romantique labyrinthe de la vallée d'Hyères, vraie Suisse en miniature, moins connue des Parisiens que la patrie de Guillaume Tell, malgré la célébrité du marquis de Brunoy et le nom du grand tragédien qui donna la préférence à cette délicieuse vallée sur tous les autres environs de la capitale. Passer par une route si fraîche et si agreste, côtoyant sans cesse la rivière d'Hyères, respirer à pleins poumons l'air embaumé de la campagne, était déjà pour moi la justification anticipée des prescriptions de M. Leuret, et mon enchantement augmentait à chaque pas, à mesure que j'avançais dans la tortueuse vallée.

Le premier village qu'on y rencontre est Crône, célèbre par le séjour qu'y fit l'auteur du *Lutrin*, et par le moins sur des vins des alentours de Paris. Une demi-lieue plus loin, et toujours en côtoyant l'Hyères, on traverse des villages enchanteurs, parsemés de villas et de cottages faisant contraste avec de rustiques et vieilles habitations : rivière, collines, prairies, bois, forêt, coteaux de vigne; tout ce qui constitue la véritable campagne se trouve réuni dans cette contrée privilégiée. Que de poétiques aspirations, que d'enthousiastes amateurs de la nature agreste ont été s'ensevelir tout vivants sous les poudreux et bruyants ombrages de Passy et de Saint-Cloud, et qui ne supposaient pas même l'existence de cette pittoresque vallée d'Hyères, où l'imagination la moins élastique éprouve l'irrésistible influence d'une nature vierge encore des saturnales du dimanche [1]....

J'arrivai bientôt à Brunoy. Mon premier soin, en entrant dans ce joli bourg, fut d'aller visiter la retraite du moderne Roscius: lorsque je traversai le beau pont qui conduit droit à la maison de Talma, une mélancolique pensée me retraça les ombres glorieuses de tant d'illustrations contemporaines qui avaient passé par là ; les anciennes m'apparurent bientôt à la suite: Néron, Manlius, Coriolan, Othello, défilaient devant moi comme ils le firent si souvent devant la stalle où j'avais l'habitude de les contempler, sous les traits de Talma, et l'idée de jouir bientôt du privilége d'un si héroïque voisinage redoublait mon

1. Depuis quelques années, cette virginité a reçu plus d'une atteinte.

envie de fixer irrévocablement mon choix. Je ne voulus pas m'éloigner du sol qu'avait si longtemps foulé le grand tragédien, sans aller contempler de près la majesté de ce buste antique qui semble provoquer le visiteur à de poétiques méditations. Depuis la mort du célèbre artiste, le marbre qui le représente n'a pas cessé d'être exposé aux regards des passants: on le voit à quelques pas de distance, au fond d'une paisible cour d'entrée, rappelant les silencieux *cortiles* de Pompéi.

Après m'être livré plus d'un quart d'heure à toutes les pensées que faisait naître en moi le souvenir de Talma, je me rendis chez le notaire du lieu.

Je me présentai à lui comme un homme très-pressé de faire une acquisition, mais sans lui laisser deviner que mon choix était arrêté sur l'une des propriétés dont la vente lui avait été confiée. L'honorable tabellion s'empressa d'étaler à mes yeux une longue liste de maisons à vendre, à Brunoy et dans les environs, me rehaussant tour à tour le mérite de chacune d'elles, et cherchant à découvrir dans l'expression de mes traits l'impression qu'y pouvait laisser le brillant tableau qu'il déroulait devant moi, ce qui dut lui paraître très-difficile ; car, mon choix étant irrévocablement fixé sur la maison que le hasard m'avait tout à coup révélée, j'attendais patiemment que son nom tombât sous les yeux du notaire. Mais j'attendis vainement! et déjà il se mettait en devoir de replier sa liste sans me dire un seul mot de la propriété qui la terminait, quand je m'écriai, en l'indiquant du doigt: « Et celle-ci, vous l'oubliez!... Oh ! fit-il, elle ne vous conviendrait pas. Vrai manoir en ruine, situé dans un pays perdu, où l'on pourrait se croire en pleine Savoie!» A ce mot de Savoie qui m'impressionna toujours si vivement, mes yeux durent s'illuminer d'une façon bien significative, car l'officier public se hâta d'ajouter: « Après tout, chacun son goût... »

Il ne pensait pas alors, cet excellent tabellion, que ce pays perdu qu'il comparait à la Savoie, et qui me souriait précisément à cause de cela, deviendrait, vingt ans plus tard, l'un des plus intéressants villages des environs de la capitale; que la locomotive, tout en le respectant assez pour ne pas l'envelopper de son souffle embrasé, le mettrait à quelques minutes de Paris; qu'elle métamorphoserait un jour ses habitations de chaume en élégants et frais cottages, abrités sous l'ardoise, et bordés de trottoirs; qu'un orgue Alexandre y ferait résonner sous son rustique clocher les célestes accents de nos chants religieux; que le fougueux auteur du *Trovatore* y préluderait à son chef-d'œuvre, par l'enfantement de *Louise Miller* et des *Vêpres Siciliennes*; que de somptueux équipages ne dédaigneraient pas de s'y abriter; que de vastes omnibus, chargés jusqu'au sommet, traverseraient à chaque instant ce village ignoré; que les orgues de Barbarie s'y mêleraient avec avantage aux bêlements des troupeaux; qu'une pompe à incendie et trente vigoureux sapeurs, casque romain sur le front, y feraient acte de dévouement et de fraternité; qu'une société chorale, instituée et guidée par un curé, ami des arts, y attirerait à chaque solennité les amateurs des communes voisines; que sur l'emplacement d'un vieux et hideux cimetière, s'élèverait un gracieux et coquet presbytère; enfin, qu'à de grosses et rustiques villageoises au jupon court et à la marmotte plébéienne, succéderaient de mignonnes et pimpantes jeunes filles aux cheveux enlacés et à la jupe crinolinée. Il ne pensait pas non plus, ce bon notaire de Brunoy, que la boîte aux lettres du pays, vierge la plupart du temps de journaux et de lettres, se remplirait un jour de toutes les feuilles publiques de la capitale, et que des cachets d'empereurs, de princes, de ministres, de diplomates, d'artistes et d'illustrations de toutes sortes, laisseraient, chaque jour, au fond de cette boîte de village, le parfum d'une correspondance d'élite. Il ne se doutait pas davantage de l'ancienne célébrité de cette maison, si dédaigneusement reléguée à la fin de sa liste; il ignorait comme l'acquéreur que ce manoir délabré datait du XVe siècle [1], qu'il avait servi de castel

1. Extrait de la préface des *Mémoires* de la comtesse Lagnette, par Moreau.—Le logis où elle est née existe encore. On le voit presque à l'entrée du village, à droite de la route qui conduit de Brunoy à Brie. Une assez belle grille en fer ouvre sur un petit jardin au fond duquel on aperçoit à gauche un pavillon de construction récente, à droite un bâtiment plus considérable qui est l'ancienne maison de M. de Lagnette. Ce bâtiment a subi divers changements depuis le

à l'un de ces fiers gentillâtres du temps de la Fronde, hobereaux taillés d'une pièce, levant l'escopette sur le premier gars qui faisait mine de courtiser leur fille, sans avoir cimier au front; que le frère d'un grand poëte [2] y puiserait le sujet de l'une de ses plus heureuses créations. Il ignorait aussi que les allées, les pelouses, les charmilles de cette demeure abandonnée et envahie par une végétation parasite, avaient été tracées par la main de Le Nôtre; que le prétendu ravisseur du jeune élève de l'abbé de l'Épée y avait terminé sa mystérieuse et romanesque existence. Non, il ne se doutait pas de tout cela; car, s'il s'en fût douté, en homme habile qu'il était, il n'aurait pas manqué de placer le manoir de Mandres en tête de sa liste, et d'escompter largement les promesses de la locomotive.

Ainsi qu'on vient de le voir, la propriété que je convoitais, beaucoup plus par un sentiment poétique exagéré que par raison, ne pouvait être appréciée

XVIIe siècle; par exemple: le rez-de-chaussée qui y a été ajouté sur la droite est assurément d'une date beaucoup plus moderne. Derrière le pavillon et la maison s'étendent, parallèlement, de chaque côté d'un large tapis vert, deux grandes charmilles, qu'une charmille moins haute et percée d'une arcade coupe à angle droit, à peu près par le milieu. Un vaste enclos, planté de vigne en partie, enveloppe le tout. L'axe du tapis vert et de la grille passe, en se prolongeant de l'autre côté de la route au chevet de l'église, en sorte que M. de Laguette a pu dire justement : « l'église est tout devant notre logis. »

1. Paul de Musset auteur de la *Comtesse Laguette*.

par les amateurs de cottages et de colifichets à la mode; mais plus elle me paraissait dédaignée, plus elle excitait ma convoitise, plus aussi je brûlais de m'y abriter et d'y défier les rudes exigences de la vie parisienne. Je m'imaginais y trouver le silence du désert et la placidité céleste, sans songer que le privilége d'une pacifique existence n'est donné à personne. Mais ce que je puis dire aujourd'hui, que le terme du voyage est arrivé et que l'âge a dissipé les illusions du voyageur, c'est que ce voyageur a cru au bonheur pour sa famille autant que pour lui, et qu'il n'est point assez désillusionné pour n'y point croire encore. En m'affranchissant de la foule, à cet âge de la vie où tout en fait une nécessité, je savais bien ce que je perdais; mais je savais encore mieux ce que je gagnais; et le chiffre du gain, au total, m'a toujours paru plus élevé que celui de la perte.

On ne doit donc pas s'étonner qu'avec des idées aussi peu à l'ordre du jour, je me sois engoué d'une maison dont personne ne voulait, et qu'elle m'ait plu précisément par le côté qui devait en éloigner tout le monde : sans parler de certaines âmes charitables qui, pour en dégoûter les amateurs, lui attribuaient de nocturnes et mystérieuses apparitions.

Toutefois, je ne la connaissais encore que d'imagination; et je dois dire que l'idée avantageuse que je m'en faisais fut bientôt confirmée par la réalité.

Je m'y rendis aussitôt après avoir pris congé du notaire, en longeant les contours verdoyants et nuancés de l'Hyères sous d'épais et interminables ombrages. Quel prix ne devait pas avoir à mes yeux une retraite à laquelle on arrivait par une telle route! Je crois que si tous les plaisirs de Paris eussent été en ce moment à ma disposition, je les aurais dédaigneusement repoussés du pied.

Livré à la douce perspective des heureux jours que me promettait le voisinage d'un si charmant tableau, je fus subitement tiré de ma rêverie par le bruit d'une source énorme qui partageait le sentier où je m'étais aventuré, et se jetait à grand fracas dans la rivière : cette fois, je me crus réellement en pleine Savoie, et, promenant mes regards sur le petit bois qui dominait cette admirable fontaine, je me demandai ce qui manquerait au bonheur du fou qui passerait sa vie dans ce site enchanteur [1], et tout en m'adressant cette question, j'y construisais en idée un petit chalet couvert de chaume; j'y plantais une vigne derrière le chalet, et un bois au sommet du coteau. Six mois plus tard, bois, vigne et chalet, tout cela était à l'état de fait accompli, et formait avec la rivière et la fontaine la plus agreste perspective que paysagiste ait jamais imaginée. — Qui m'eût dit alors,

1. Ceci me rappelle la réflexion que me fit un jour le plus admirable de nos écrivains, à qui je vantais la beauté des environs de Brunoy : « Oui, fit M. de Lamartine, cette vallée est ravissante, et je voudrais bien être à votre place. — Eh bien, changeons, lui répondis-je, mais changeons complétement... — Ah! répliqua M. de Lamartine avec un accent de profonde et navrante sincérité : si c'était possible, vous verriez... »

que cette eau limpide et courante, vraie résidence des néréides, serait un jour pour moi une véritable source de procès et de contrariétés de toute nature ; qu'elle exciterait l'envie de tous mes voisins, que je devrais la défendre *unguibus et rostro* devant double juridiction, et qu'un ministre de l'Empereur lui ferait en plein Sénat l'honneur de la sacrifier sans pitié aux sollicitations de la Dhuys... en attendant le jour peu éloigné où deux millions de Parisiens réclameront son assistance supplémentaire [1].

J'arrivai enfin, à ce village presque ignoré, sur lequel le notaire n'avait pas jugé à propos d'attirer mon attention, et qui pourtant, à l'exception du chaume qui couvrait alors la plupart des habitations, n'avait rien qui justifiât l'oubli de l'honorable intermédiaire.

J'avais dépassé tout au plus d'une centaine de pas l'entrée du village, lorsque j'aperçus une vieille porte cochère, dont une partie à jour et vermoulue me permit de jeter un coup d'œil en dedans ; à peine avais-je eu le temps d'entrevoir les deux pavillons qui faisaient face à la porte, que je m'écriai : « C'est là... »

Une vieille villageoise arriva bientôt après avec un

1. Je viens de lire dans un journal que l'administration, ne considérant pas l'énorme volume d'eau que la Dhuys va verser dans Paris, comme suffisant à l'alimentation de sa nouvelle population, avait le projet d'y joindre toutes les sources des environs ; dans ce cas, celles de Briant, dont je possède la plus abondante, en feraient nécessairement partie.

énorme paquet de clefs à la main, pour me dire que la maison était en vente, ajoutant qu'elle en était la jardinière et qu'elle se mettait à ma disposition si j'avais le désir de visiter la propriété.—La porte s'ouvrit aussitôt avec un craquement significatif, lequel n'accusait pas une habitation de fraîche date. Nous traversâmes une cour dite d'honneur, commandée par deux pavillons style indécis et par deux énormes pins laissant apercevoir un vide où la vue s'étendait à travers un vaste jardin jusque sur les hautes futaies de la sombre forêt de Senart, de telle façon que de la grille du devant on pouvait facilement considérer cette large étendue d'horizon comme une dépendance de la propriété. Tout progressiste que j'étais, ou que je croyais et que je crois être encore, malgré mes treize lustres, je ne pus me défendre d'un petit sentiment de satisfaction féodale, en pensant que j'allais devenir seigneur et maître, et à peu de frais, de cette seigneuriale habitation, de ces charmilles séculaires se dressant en forme de boule devant les croisées des pavillons, et projetant leur ombre sur une large nappe de verdure.

Je voulus visiter toutes les parties de l'enclos avant de passer à l'inspection de la maison. Je reconnus bientôt, à la nature des arbres et des plantes qui frappaient mes regards, que l'ancien propriétaire était du Midi : maïs, néfliers, figuiers, mûriers, vignes, tomates, melongènes, melons, m'apparurent comme autant de signes accusateurs de son origine méridionale, et tout cela donnait, à mes yeux, un attrait de plus à la propriété. Quant à ces belles plates-bandes disposées par Le Nôtre, elles étaient si complétement envahies par le chiendent et le chardon, qu'il me fut à peine possible d'en distinguer les contours ; mais aussi, quel plaisir pour le futur propriétaire de rétablir l'ordre et la symétrie au milieu de cette confusion générale, et de porter une main rénovatrice sur tous ces carrés en friche.

Après l'inspection du jardin, il fallut songer à celle de la maison, ou plutôt de cet antre à chauves-souris, de ces combles à jour, de ces greniers sans fin, de ces cheminées grandes ouvertes, de ces chambres dégradées, de ces portes et de ces croisées indociles, dont certaines, après trente ans de résistance, ne se sont point encore mises complétement à la raison. Heureusement, je ne me laissai pas prendre à toutes ces marques d'un délabrement plus apparent que réel, et je puis dire, aujourd'hui, que plus d'un quart de siècle a confirmé par l'expérience la bonté et la convenance de mon choix, que cette maison n'avait besoin, pour perdre son air de tristesse et de vétusté, que d'être habitée ; car rien n'y manquait, et tout avait été admirablement combiné pour y vivre aussi confortablement qu'à la ville, surtout dans la partie du rez-de-chaussée où l'on avait ménagé un corps de bâtiment exclusivement affecté à un vaste salon que bien des propriétaires huppés n'eussent pas dédaigné. Les murs de la salle à manger, petite, mais bien exposée, étaient recouverts d'une épaisse et consciencieuse boiserie ; un calorifère en faïence, surmonté d'une colonne ouvragée à la manière anglaise du dernier siècle, était placé dans une niche où il est encore, à côté d'un office où le service pouvait se faire très-commodément. L'on n'avait oublié ni le four à pâtisserie, ni le four à pain, ni la salle de bain, ni l'écurie, ni l'étable, ni la remise, ni le fruitier, ni la laiterie, ni le poulailler, ni le colombier, ni le cellier, ni la basse-cour ; en un mot, tout ce qui constitue une habitation commode et bien entendue se trouvait sous la main, et donnait à la maison cette physionomie mi-bourgeoise et mi-seigneuriale des anciennes demeures féodales.

Je ne parle pas d'un autre corps de bâtiment en forme de pavillon et se rattachant à celui que je viens de décrire par une large grille en fer séparant l'enclos de la cour d'entrée.

Ce pavillon, espèce d'annexe à l'habitation principale, n'a d'autre destination aujourd'hui que celle du billard [1].

On comprend le plaisir que je devais éprouver à m'approprier à l'avance une pareille retraite et combien j'avais hâte d'en finir avec le propriétaire ; mais, avant de le voir, je voulais montrer la propriété à ma famille, un peu comme ces gens qui demandent des conseils avec la résolution bien arrêtée de passer

1. J'y ai placé depuis plusieurs années une petite chapelle en mémoire de la meilleure des sœurs.

outre, si l'on ne dit pas comme eux. Mais, à l'époque caniculaire où nous étions alors, aucune opposition n'était à craindre; il fallait avant tout quitter la ville pour la campagne.

Nous nous décidâmes donc à partir immédiatement pour examiner la propriété dans les règles. Un jeune peintre de nos voisins à qui j'avais fait un tableau des plus séduisants de la vallée d'Hyères, nous manifesta le désir d'être de la partie ; il ne connaissait d'autre campagne aux environs de Paris que la forêt de Saint-Germain et les hauteurs de Montmartre : lorsque nous eûmes quitté la grande route à Ville-Neuve-Saint-Georges, pour nous enfoncer dans la tortueuse vallée, le jeune fils d'Apelles se crut littéralement transporté dans les sentiers les plus agrestes de la Suisse; à chaque pas, il nous faisait redouter une syncope et s'extasiait sur des sites qui n'avaient point encore attiré notre attention.

Après une bonne heure de marche, car nous avions fait la route à pied depuis Brunoy, nous arrivâmes enfin au romantique manoir dont la porte, en ce moment, était toute grande ouverte. A la vue de cette cour déserte, dépourvue d'arbres, et envahie par l'ortie et le chardon qui couvraient le pavé, ma femme s'écria avec effroi en italien : *O Dio! e un vero campo santo!*... «*C'est un vrai cimetière!* madame, fit le peintre, c'est par là qu'on arrive au paradis... » Il ne se trompait pas ; quand nous eûmes pénétré dans l'enclos, au milieu des quatre pins gigantesques qui en décorent l'entrée, et que des milliers d'oiseaux semblèrent célébrer notre bienvenue par l'expansion et la variété de leurs chants; que de larges tapis de verdure s'étalèrent devant nous et qu'un luxuriant verger se présenta tout à coup à nos yeux, comme pour nous préserver d'un soleil accablant, sous une voûte de feuillage et de fruits, nous reconnûmes alors que le peintre avait raison.

Ce fut bien autre chose quand ma femme et ma fille, scrutant d'un regard auquel rien n'échappait les arbustes et les espaliers, découvrirent, enterrés sous les ronces et les broussailles, des rangées de groseilliers, de framboisiers, de fraisiers, de rosiers de toute espèce, des murs couverts de pêches, d'abricots, de poires énormes, et de la vigne à chaque pas; c'était vraiment la terre promise, un véritable Eden dont elles savouraient d'avance la possession.

Restait à visiter la maison: j'avais eu soin de faire ouvrir toutes les croisées, afin de chasser autant que possible cette odeur de renfermé inhérente aux appartements inhabités. Le salon fut, de toutes les pièces, celle qui devait naturellement attirer le plus l'attention du peintre; en voyant ce plafond élevé et ces quatre immenses croisées, dont la disposition permettait à la vue de s'étendre d'un côté sur le rustique clocher du village, et de l'autre sur une large et verte pelouse, notre enthousiaste compagnon se hâta de tirer son crayon de sa poche, et de faire un croquis de tout ce qui frappait ses regards, sans oublier un joli nid d'hirondelles bordé de cinq à six petites têtes qui gazouillaient à l'encoignure de la croisée du salon, et dont les ancêtres d'après la tradition locale, n'avaient jamais déserté le toit paternel[1].

Nous visitâmes le reste de la maison, ivres de bonheur ; choisissant chacun à notre tour, la chambre dont la position nous agréait le plus, et il y avait de quoi choisir ; mais nous avions beau nous approprier, telle ou telle partie du local, nous finissions toujours par l'indécision ou l'embarras du choix.

Nous passâmes ainsi tout le reste du jour à nous familiariser avec notre future habitation, sans songer qu'elle ne nous appartenait encore qu'en perspective, et que d'autres pouvaient, tout aussi bien que nous et avant nous, avoir été séduits par ses nombreux avantages : ce ne fut qu'au moment de nous retirer que la jardinière nous apprit qu'il était fort possible que nous trouvassions la maison vendue à une personne du pays, qui la marchandait et la convoitait depuis longtemps, mais qui espérait toujours que le propriétaire finirait, de lassitude, par la céder pour rien. Cet avis nous donna le frisson... Il semblait qu'on allait nous dépouiller de notre chose, nous exproprier de notre propre demeure ; aussi, à peine arrivé à Paris, je courus droit chez le maître de la maison.

1. Depuis l'envahissement des lieux par l'impitoyable piano, la petite famille a pris son vol et n'est plus revenue...

C'était un de ces nombreux industriels qui, par leur travail, leur économie et leur savoir-faire, ont accaparé toutes les maisons de la capitale, et qui, après avoir entassé écus sur écus, se décident à se retirer à la campagne, juste au moment où il faut prendre son passe-port pour l'autre monde.

Cet estimable commerçant avait amassé une trentaine de mille livres de rente (ce serait soixante aujourd'hui), à confectionner des saints et des madones, commerce très-peu connu, et par conséquent fort lucratif comme tous les commerces dont l'Église est la spécialité; malheureusement, il avait trop compté sur ses forces, en croyant perdre ses habitudes industrielles du jour au lendemain; à peine eut-il passé quelques semaines dans sa nouvelle acquisition que le spleen s'empara de lui et encore plus de sa femme, beaucoup moins façonnée aux douces occupations de la villégiature qu'aux préoccupations intéressées du magasin. Dès ce moment, sa propriété lui devint à charge, et il voulut s'en défaire à tout prix.

Mais, ayant à lutter contre la finesse des gens de campagne, la malice des voisins et les obsessions des notaires, toutes ses tentatives furent inutiles, et il ne put réussir à se débarrasser de son acquisition qu'en la démembrant et en livrant la plus grande portion du terrain aux chances de l'enchère; il en restait pourtant assez pour conserver à la propriété une apparence de grande maison et pour tenter les amateurs.

Aussitôt que je fus en présence du vendeur, je compris qu'il était décidé à vendre à tout prix, et, pour l'engager à en finir avec moi, je lui fis l'offre d'une somme assez supérieure à toutes celles qu'on lui avait offertes auparavant; mais j'y joignis pour condition la faculté d'habiter la propriété pendant trois mois, avant de rendre le marché définitif : l'offre fut acceptée, la maison était à moi.....

Trois jours après, j'y étais installé avec ma famille.

Je ne parlerai pas du bonheur que nous éprouvâmes à nous sentir en possession de cette vieille solitude, ni de celui que nous procurait chaque découverte que nous faisions, soit dans le jardin, soit dans les bâtiments; c'était un éblouissement continuel, une félicité de tous les instants, un vrai paradis terrestre : Paris n'était plus, à nos yeux, qu'un séjour infernal auquel nous venions d'échapper; plus de voisins égoïstes et bruyants, plus de portiers investigateurs, plus de bruits de voiture, plus de nécessités de toilette, plus de porteurs d'eau, plus de visites importunes, plus de dépenses folles, plus de politique, plus de chaussure transparente et rhumatismale, plus d'aliments douteux, plus rien de ce qui caractérise la vie factice et brûlante de la capitale.

Notre enchantement était si grand, et notre imagination montée à un tel diapason, que chaque instant portait avec lui son contingent de volupté; aussi, je n'attendis pas l'expiration des trois mois que j'avais obtenus pour la résiliation du marché, dans le cas où l'ennui ou la réflexion nous eussent fait changer d'avis, et cinq jours à peine s'étaient écoulés, que déjà je conduisais mon propriétaire chez le notaire... Cette fois, la maison ne pouvait plus nous échapper, et nous pûmes savourer en pleine sécurité tous les plaisirs de la possession, et pourtant, que de soins à prendre! que de projets à combiner avant de pouvoir se reconnaître dans cet enclos désordonné, véritable image du chaos et de la confusion où je tremblais de porter une main sacrilége. Rien d'ingrat et de plus triste qu'un jardin bien peigné, dit, après Jean-Jacques, M. Michelet dans son livre de l'*Oiseau*; grande vérité destructive de l'art peut-être, mais plus conforme aux vues secrètes d'une Providence éternelle que le compas et le cordeau. Partout où la main de l'homme a passé, le doigt de Dieu a disparu, et l'artiste d'ici-bas n'est plus que le contradicteur du grand ouvrier de l'univers: il se matérialise et se rapetisse en quelque sorte, en substituant aux vastes combinaisons du créateur les infimes élucubrations de la créature... Paradoxe, dira-t-on; soit, mais paradoxe au point de vue de notre faible entendement, et vérité pour celui qui tôt ou tard rendra tout au néant. — Que de pensées nouvelles firent naître dans notre esprit le désordre et la confusion de cet enclos inculte!.. que de mystères auxquels il nous initia, et dont jamais l'idée ne nous eût passé par l'esprit au milieu d'un jardin couvert de sable et tiré à quatre épingles! que de choses, que de vies, que de prodiges dans un si petit espace. Un monde entier s'étalait à nos yeux....

Tantôt c'étaient les gras herbages de la Lombardie, tantôt l'humide et sauvage végétation des marais Pontins; ici les riches vergers de la Normandie; de ce côté, fertilité, de celui-là aridité; près d'un mur, la plante au parfum méridional; près d'un autre, la feuille sombre et veule des climats déshérités du soleil; ici, la vie, le mouvement, l'oiseau, l'insecte; ici, le désert; la variété partout. Nous allions à la découverte des arbres et des plantes, comme des voyageurs à la recherche de nouveaux horizons, rencontrant des mines d'or au milieu des ronces et des broussailles; les fruits les plus exquis enlacés par le lierre; le baume et le thym se mêlant au chiendent, la rose au groseillier, le lis à la framboise; la vigne serpentant autour des arbustes,à la manière italienne; de petits nids de mésanges, de fauvettes ou de pinsons à l'édredon mousseux, que d'humides touffes de roses préservaient du regard; partout l'abrupt et le sauvage, à côté de la main de l'homme: tantôt c'était la mauve, la camomille, la pervenche, le fumeterre, la grande consoude, le lierre terrestre qui obstruaient notre passage; souvent, près de ces preuves vivantes de la sollicitude divine pour le soulagement des misères humaines, se présentaient à nos regards des êtres animés, attestant eux aussi la prévoyante sagesse du créateur: l'abeille dérobant sous nos pas la mielleuse essence du trèfle et du sainfoin; la cantharide exhalant autour du frêne son âcre et corrosive senteur.

Le soir, nos yeux se recréaient à la lueur phosphorescente d'insectes ambulants, et nos oreilles étaient frappées des gazouillements précurseurs du sommeil de mille habitants de l'air. — Depuis l'aurore jusqu'au déclin du jour, chaque instant fournissait à notre imagination un aliment nouveau, une sensation nouvelle.

Ce ne fut pas sans peine qu'il fallut livrer à la main niveleuse du jardinier cette image vivante d'une végétation primitive; nous nous y décidâmes pourtant, moins pour nous à coup sûr, que pour la satisfaction personnelle des visiteurs et des voisins, beaucoup moins accessibles que le propriétaire à la poétique influence d'une nature inculte et sauvage...

L'inspection de la maison ne nous procura pas moins de surprise ni moins de plaisir que celle de l'enclos; depuis la cave jusqu'au grenier, depuis l'étable jusqu'au salon, ce ne fut qu'une suite d'observations nouvelles et de projets appropriés à la destination du lieu qui frappait nos regards. Que d'énormes futailles remplies de notre propre vendange représentait à notre imagination la vaste enceinte de cette voûte souterraine; que de provisions de toute espèce allaient s'entasser dans le cellier qui la commandait; quelle voluptueuse sensation ne nous promettait pas cette salle de bain sans cesse à notre disposition; et ces fours chauffés par nos débris, quel excellent pain et quelles abondantes friandises n'allaient-ils pas nous offrir !

Parlerai-je de ce fruitier sous la protection du nord et garni de nombreuses tablettes dans l'attente des mille espèces de pommes et de poires que nous promettait l'automne.

Et la basse-cour, cette fidèle peuplade de poules, de pigeons et d'élèves de toute espèce, notre rêve favori, l'un des principaux buts de notre émigration, quelle source d'étude, d'observations et de profit n'allions-nous pas en retirer! Mais ce qui mit le comble à notre félicité, ce fut l'inspection de la laiterie. Une laiterie ! comprend-on tout ce que ce mot renferme d'enivrante poésie? Pour moi, je n'ai jamais pu visiter une laiterie sans me croire aussitôt transporté au fond de la plus romantique vallée de la Suisse, au milieu des plus verdoyants pâturages, et sans que mon imagination ne me retraçât le tableau si pittoresque et si animé des chalets, des cascades, des vaches et des étables suisses. Avoir à sa disposition une laiterie, c'est être sûr de son destin, car on ne peut jamais s'en séparer; c'est s'affranchir de toutes les tribulations du ménage. Que peut-il manquer d'essentiel à l'heureux campagnard contemplant chaque jour à son aise cette abondance de laitage qui garnit les tables d'une laiterie. La baratte primitive à la forme conique; les paniers à fromages, les moules à beurre, les vases en terre cuite, les séchoirs, enfin tous les ustensiles d'une laiterie bien montée? Il est vrai que tout cela nous manquait ; mais le plaisir que nous goûtions à en rêver sans cesse la prochaine acquisition éternisait notre jouissance et nous la faisait savourer avec plus de délices que s'il se fût agi de la possession. Ce serait à n'en plus finir, si je voulais énumérer tous les travaux auxquels il fallut se livrer avant d'avoir mis en état jardin, maison et basse-cour. — Nous nous trouvâmes en face de l'hiver sans avoir fait autre chose que des châteaux en Espagne et des rêves de bonheur. Aussi les frimas nous surprirent-ils avec tout leur cortége de brouillard, de neige, de givre et de glace, comme pour nous avertir qu'il était temps de songer à la réalité...

Nous nous arrangeâmes de façon à passer notre hiver le plus commodément possible, chose assez difficile dans une vaste habitation disposée pour un domestique nombreux. Nous y parvînmes, cependant, en concentrant notre ménage dans la partie saine et boisée de la maison. Je ne dirai pas tout ce que nous procura de sensations nouvelles ce premier hiver passé en pleine campagne. Les poëtes ont presque toujours placé le givre et la nonchalante volupté du coin du feu à côté des douces jouissances du printemps, et ce que je puis dire ici dans toute la sincérité de mon âme, c'est que, — pendant toute la durée de ce rigoureux hiver de 1838, — nous ne regrettâmes pas un seul instant nos habitudes hivernales de la ville; aucune sensation brûlante du séjour de Paris ne vint empoisonner par son souvenir l'heureuse existence que nous menions; pas une seule minute de regret, de lassitude ou d'ennui.

Nous passâmes ainsi trois années dans l'isolement le plus complet, sans éprouver d'autres préoccupations que la crainte de voir finir trop tôt ces jours de paix et de bonheur. Nous n'avions pas même à redouter le regret des plaisirs passés, bien que leur souvenir nous assiégeât quelquefois; mais, dans ce cas, nous avions une recette infaillible pour surmonter l'espèce de mélancolie que la pensée de Paris inspire toujours à ceux qui l'ayant longtemps habité ne l'habitent plus. C'était de réaliser autant que possible entre nous les plaisirs que nous regrettions. Ainsi, l'imagination venait-elle à nous rappeler un spectacle, un concert ou tout autre divertissement, vite nous mettions la main à l'œuvre. Était-ce, par exemple, la musique qui faisait le sujet de nos regrets du moment; aussitôt Rossini ou Bellini étaient à notre disposition. Était-ce une pièce nouvelle mettant en mouvement tout le monde littéraire de la capitale, à l'instant nous nous en distribuions les rôles en partie double, et nous entrions en scène! Nous poussions notre ardeur d'imitation jusqu'à simuler certains dîners priés sans oublier l'intervention obligée des truffes, du champagne et du madère.

Si, dans ces délicieux moments, dont encore aujourd'hui je cherche à raviver le souvenir, quelque habitant du village eût pu nous contempler à son aise, il n'eût certainement pas manqué de nous prendre pour autant d'échappés de Charenton, et nous eussions peut-être mérité à plus d'un titre une pareille interprétation, vu que l'extrême isolement dans lequel nous vivions offrait au village et surtout à nos voisins ample matière aux cancans. On nous considérait volontiers comme une famille suspecte, ayant quelque méfait sur la conscience, ou de retour de Belgique. Il va sans dire que nous devions avoir des accointances avec la police, et que mes allures d'honnête homme n'étaient qu'un moyen calculé pour détourner les soupçons.... Au village, on n'y va pas de main morte : ou tout bon, ou tout mauvais; cela dépend du premier coup de langue que rencontre votre personnalité avant qu'elle soit connue.

Nous passâmes trois années consécutives dans cette heureuse habitation, sans nous apercevoir de la longueur du temps ni de celui que je perdais à goûter paisiblement le bonheur, pendant la douce succession des saisons.

Jugez plutôt [1] :

JANVIER.

Ce mois n'est pas pour eux celui des vœux trompeurs,
Leur bouche ne dit rien que ne disent leurs cœurs ;
Rien ne les désenchante et rien ne les enivre ;
Ils vivent pour s'aimer comme ils s'aiment pour vivre.

1. Extrait d'un petit *Guide horticole,* sous le titre de *Loin de la Bourse,* auquel la Société impériale d'horticulture a bien voulu voter les honneurs de sa bibliothèque après un rapport lu en séance publique, le avril 1858.

Le seul vœu qu'ils pourraient adresser au destin,
C'est que toujours le soir soit semblable au matin.
Et que les faux plaisirs ennemis de la vie
Ne reviennent jamais exciter leur envie.

FÉVRIER.

Déjà le sombre hiver, à l'épaisse fourrure,
Fuit devant le retour du roi de la nature.
L'alouette se montre, et le joyeux pinson
Gazouille, en sautillant, sa première chanson.
Le ciel est moins obscur, le pré n'est plus grisâtre,
Et le feu délaissé pâlit et meurt sur l'âtre.
Le printemps, au front pur, au regard radieux,
Une autre fois encor va réjouir nos yeux.

MARS.

La basse-cour s'agite et la vache veut paître;
Arbres, gazons et fleurs, bientôt tout va renaître;
L'abricotier déjà nous montre ses boutons;
Le lilas reverdit en mille rejetons;
Le potager attend que tombe la semence.
Tout le monde est sur pied dès que le jour commence,
Et chacun taille, plante ou sème avec ardeur,
Et fait, en jardinant, assaut de bonne humeur.

AVRIL.

Avant que le soleil se montre à l'horizon,
Quand d'un profond sommeil tout dort dans la maison,
Le chantre des bosquets entonne sa romance
Et fait vibrer dans l'air l'écho de sa cadence.
Vous qui passez les nuits sous vos lambris dorés,
Vous ne connaissez pas ces plaisirs éthérés,
Cette tiédeur d'un air imprégné de mystère,
Ce bien-être des sens, vrai paradis sur terre.

MAI.

Si, dégagé de soins, dispos dès le matin,
Tu peux faire à ton gré le tour de ton jardin,

Contempler ton parterre, admirer ta charmille,
Puis, rentrant au logis, déjeuner en famille ;
Et si le lendemain, aux premiers rayons d'or,
Tu peux, sans te lasser, recommencer encor,
Sois sûr, et tu peux croire à mon expérience,
Que du plus vrai bonheur tu connais la science.

JUIN.

Habitant des cités, de plaisirs idolâtre,
Toi qui frappes de jour aux portes du théâtre,
Pour y passer la nuit quand le village dort,
Combien ta vie est triste et que je plains ton sort !
Si tu pouvais, un soir, assis à ma fenêtre,
Respirer avec moi l'atmosphère champêtre,
Le parfum de mes fleurs, l'odeur du foin nouveau,
Ah ! tu ne voudrais plus respirer qu'au hameau.

JUILLET.

Le jardin a changé d'aspect et de parure ;
Le pré n'a plus de fleurs, mais la cerise est mûre.
Au réséda la vigne emprunte son odeur,
Et le céleste azur a toute sa splendeur.
C'est alors qu'à la ville une foule affaissée
Va chercher hors des murs l'agreste panacée.
Humant à pleins poumons cet air appétissant
Qui remonte la fibre à tout être pensant.

AOUT.

N'avoir dans son enclos que du sable et des fleurs,
C'est de la vie agreste ignorer les douceurs.
Heureux qui, chaque jour, peut voir de sa fenêtre
Le champ qu'il a semé, l'épi qui va paraître...
Et le gazon foulé par la vache et le veau ;
Oh ! celui-là connaît le charme du hameau ;
Il ne vit point aux champs comme on vit à la ville,
Car il sait allier l'agréable à l'utile.

SEPTEMBRE.

Le soleil a repris sa promenade oblique ;
La séve a secoué sa torpeur léthargique ;
Les habitants de l'air, par leurs joyeux accents,
Célèbrent son retour comme ils font au printemps.
On croirait être encor au mois où les prairies
Éblouissent les yeux de mille pierreries,
Et sans le frais du soir et le déclin des jours,
Les oiseaux se croiraient au temps de leurs amours.

OCTOBRE.

Déjà des vignerons la joyeuse phalange
Répète, en cheminant, les chants de la vendange.
Chacun court à la vigne, et le cœur plein d'ardeur,
Va porter au pressoir le fruit de son labeur.
Heureuses mille fois ces fertiles contrées
Où le pampre grimpant en guirlandes dorées,
N'a besoin ni d'abri ni du secours de l'art,
Et ne connut jamais ni brume ni brouillard.

NOVEMBRE.

Malgré son noir cortége et les vents qu'il déchaîne,
Novembre à la campagne a sa belle quinzaine,
Où souvent on reçoit le bienfaisant adieu
D'un rayon de soleil et d'un ciel encor bleu.
Mais bientôt d'un long cep les tiges effeuillées
Présideront sur l'âtre aux premières veillées,
Et le repas du soir, si fertile en gaîté,
Rendra plus franche encore leur douce intimité.

DÉCEMBRE.

L'hiver et ses glaçons les intimide peu ;
Ils savourent en paix l'attrayant coin du feu.
Leurs lectures du soir, leurs douces rêveries
Les livrent sans contrainte à mille causeries ;
Leur toit est un abri contre les vents du nord,
Comme il peut l'être un jour contre les coups du sort ;
Et le givre qui brille à travers le vitrage,
Loin de les attrister excite leur courage.

C'était réellement du bonheur, et nous n'avions pour continuer à le goûter pur et sans terme qu'à ne ne pas l'interrompre par des désirs étrangers à la simplicité de notre vie; mais l'inconstance, cette implacable ennemie du repos, la monotonie du contentement, et quelques considérations domestiques devaient bientôt nous ramener dans les sentiers incertains de la vie active; un nouvel horizon allait s'offrir à nos yeux : Paris enfin, nous menaçait avec tout son cortége de gêne, de contrariétés et de privations. Mais comment surmonter le dégoût d'une existence uniforme, et ne pas céder au démon de l'inconstance qui finit par nous pousser un beau jour au milieu du tourbillon parisien !

Nous quittâmes notre douce retraite, le cœur serré, avec un secret pressentiment de notre faute, abandonnant à des mains mercenaires tous les objets de notre affection, les animaux qui avaient si longtemps partagé notre félicité ; notre bonne et féconde laitière notre vieux cheval, nos chiens, nos oiseaux ; notre riante basse-cour ; nos riches espaliers, nos sombres charmilles, nos vertes pelouses, le poétique parfum de la fenaison, nos petits carrés de culture, nos fidèles hirondelles; le clocher du village et la cloche matinale, notre vendange, notre petite moisson, notre source limpide, notre délicieuse rivière et mille autres sujets d'attachement. Nous sacrifiâmes tous ces élémens de santé et de bonheur pour aller vivre étroitement à Paris au milieu du luxe et de l'opulence de nos amis.

Quand je pense à tous les sacrifices que nous fîmes dans cette circonstance, je me demande si nous avions bien alors toute notre raison, et si, contrairement à l'idée des personnes qui s'intéressaient réellement à nous, nous ne méritions pas mieux la qualification d'insensés pour avoir sacrifié la campagne à la ville, c'est-à-dire le paradis à l'enfer, que pour avoir abandonné Paris pour la campagne, c'est-à-dire l'enfer pour le paradis. Heureusement notre émigration ne fut pas de longue durée ; après quelques mois de séjour dans le gouffre parisien, il ne nous fut plus possible de résister à la douce influence des jours printaniers; il fallut retourner où la paix, l'abondance et la santé nous rappelaient.

Nos préparatifs de départ furent aussi prompts et aussi gais que ceux de la campagne avaient été tristes et lents. L'idée seule que nous allions retrouver tou ce que nous avions si cruellement laissé à l'abandon, était déjà pour nous une compensation suffisante à toutes les déceptions que nous venions d'éprouver.

Nous reprîmes possession de notre paisible demeure avec la résolution de n'en plus sortir, et si, depuis lors, nous en sommes sortis quelquefois, aux approches de l'hiver, dans le seul but de faire comme tout le monde, ce fut toujours avec la ferme intention d'y revenir au plutôt, et de ne l'abandonner qu'au moment d'aller habiter un autre séjour encore plus paisible, à quelques pas du village....

TABLE

CHAPITRE VII.

CHAPITRE VIII.

CHAPITRE IX.

CHAPITRE X.

CHAPITRE XI.

DEUXIÈME PARTIE.

Souvenirs de 1814 et 1815.

Souvenirs de Rome.

Souvenirs politiques.

Souvenirs de Suisse.

Souvenirs des Deux-Siciles.

Extrait du Catalogue de la LIBRAIRIE E. DENTU, éditeur, Palais-Royal

COLLECTION IN-18 A 3 FRANCS LE VOLUME

Abécédaire du Salon de 1861	Th. Gautier.
Aimée	Paul Féval.
L'Amant de carton	Math. Stev***.
L'Amour bossu	H. de Kock.
Les amours de Geneviève	Fortunio.
Les Amours de village	Vict. Rostand.
Les Amours buissonnières	Alfred Delvau.
Un Amour vrai	Louise Vallory.
Les Anglais, Londres et l'Angleterre	L.-J. Larcher.
L'Année anecdotique	F. Mornand.
Autour de la table	George Sand.
Les Autrichiens et l'Italie	De la Varenne.
Ballades et chants de la Roumanie	Alexandri.
Les Bohémiennes de l'Amour	Louis de Montchamp.
Bouche de fer	Paul Féval.
La Bourse	E. de Mirecourt.
La Bouche humaine	Dorigny.
Campagnes sur les côtes d'Amérique	Du Hailly.
Les cachots du Pape	Ch. Paya.
Les Cantatrices célèbres	Escudier.
Le Capitaine de la Belle-Poule	De Charolais.
Le Capitaine Fantôme. 2 vol	Paul Féval.
Caritas	Ernestine Drouet.
Catherine d'Overmeire. 2 vol	E. Feydeau.
Les Cent francs du Dompteur	L. Stapleaux.
Ces bons Messieurs de S.-Vincent-de-Paul	J. M. Cayla.
La Charité à Paris	Jul. Lecomte.
La Chasse et les Chasseurs	Léon Bertrand.
Les Chasses sauvages de l'Inde	Germ. de Lagny.
Le Cœur et l'Ame	A. Debay.
Les Comédiennes adorées	Ém. Gaboriau.
Comment aiment les femmes	Valery Vernier.
Comment aiment les hommes	O. Audouard.
Comment on aime	E. Enault.
Confessions de l'abbesse de Chelles	M. de Lescure.
Contes kosaks	M. Czaykowski.
Les Cotillons célèbres. 2 vol	Ém. Gaboriau.
Les Coups d'épingle	E. Capendu.
Les Cours galantes. 4 vol	Desnoiresterres
Les Cousines de Satan	J. de St-Félix.
Le Curé du Pecq	G. Chandeuil.
Le dernier Amour	Ét. Enault.
Dictionnaire des ordres de chevalerie (illustré)	Gourdon de Genouillac.
Le Docteur Antonio	J. Ruffini.
Les Dogmes nouveaux	E. Nus.
Don Juan de Padilla	Du Hamel.
Un Drame électoral	J.-M. Gagneur.
Le Drame de la jeunesse	Paul Féval
Les Drames du Désert	Léon Beynet.
Une Drôlesse	Jules Claretie.
Le Duc des Moines	Paul Avenel.
Les Élections de 1863	Victor Pierre.
Encyclopédie hygiénique. 10 vol	A. Debay.
L'Enfer des femmes	G. Fould.
Énigmes des rues de Paris	Ed. Fournier.
Escapades d'un homme sérieux	Armengaud.
L'Espion noir	H.-E. Chevalier et F. Pharaon.
L'Esprit dans l'histoire	Ed Fournier.
L'Esprit des autres	Ed. Fournier
Études religieuses et littéraires	Rosseeuw-Saint-Hilaire.
Les Expiations	Léon Valery.
La Famille Tulliver. 2 vol	George Eliot.
Une Femme dangereuse	Perceval et Desnoyers.
Une Femme de cœur	Marc Bayeux.
Une Femme hors ligne	J.-M. Gagneur.
Une Femme libre	Ctesse Dash.
Les Femmes excentriques	Valery Vernier.
Les Galants de la Couronne	Paul Mahalin.
La Gamme des Amours	O. Comettant.
Les Gandins. 2 vol	Ponson du Terrail.
La Garde Noire	Paul Féval.
Gazettes et gazetiers	J.-F. Vaudin.
Les Gens de bureau	Em. Gaboriau.
Les Gens de théâtre	Pierre Véron.
Grammaire héraldique (illustré)	Gourdon de Genouillac.
Les grandes Amoureuses au Couvent	Lannau-Rolland.
Les Grands Capitaines amoureux	A. Challamel.
Grands Seigneurs et Grandes Dames	Ch. de Mouy.
La Grèce en 1863	A. Grenier.
La Griffe rose	Arm. Renaud.
Les Guerres commerciales	P. Mouriez.

Paris. — Imprimé chez Bonaventure et Ducessois, 55, quai des Augustins.

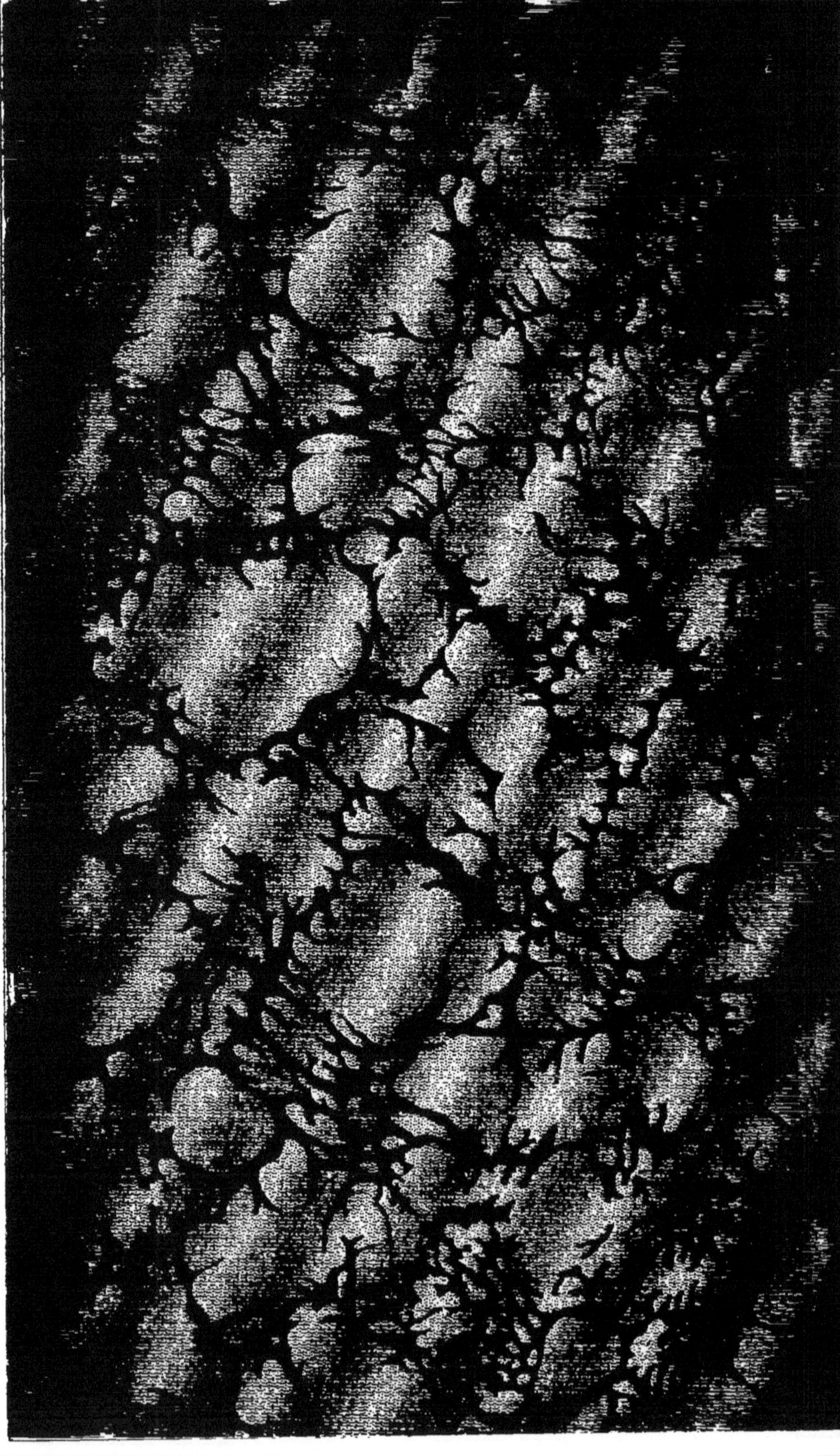

www.ingramcontent.com/pod-product-compliance
Ingram Content Group UK Ltd.
Pitfield, Milton Keynes, MK11 3LW, UK
UKHW020110200726
13856UKWH00002B/470

9 782011 742353